学歴の経済社会学

それでも、若者は出世をめざすべきか

寺岡　寛　著

信山社

目次

目次

序章　立身と出世の社会構造

「立身」とは、『広辞苑』に「社会における自分の地歩を確立すること。一人前になること」、「世に用いられて栄達すること。出世」とある。他方、「出世」とはやや広義につぎのように説明されている。

①「諸仏が衆生済度のため世界に出現すること。」
②「世俗を棄てて仏道に入ること。また、その人。出世間、出家、僧侶。」
③「叡山で、公卿の子息が受戒・剃髪して僧となったもの。」
④「禅宗で、寺院の住持（住職）となること、高位の寺に転住すること、黄衣・紫衣を賜ること、和尚の位階を受けることなどをいう。」
⑤「この世に生まれ出ること、出生。」

こうしてみると、⑤は別として、出世とは、元来、仏教に関わることばであったことがわかる。叡山あたりで、公卿あたりの子息が受戒・剃髪して僧職になったあと、その「昇進」がきわめて早かったことから「世の中に出て立派な地位・身分となること」に転じていったとされる。

仏教に造詣が深くなくとも、公卿（公家）と出家後の僧職の位をそのまま、わたしたちの身の回りにある企業への縁故採用者のその後の昇進・昇格あたりにあてはめれば、納得する人たちも多いことだろう。(*)

＊教育社会学者の竹内洋は、「立身出世」の時代的語感についてつぎのように分析している。「江戸時代に立身出世や出世立身というひとつながりの言葉がつかわれていなかったわけではないが、『立身』と『出世』が別々につかわれることが多かったようである。武士の世界では『立身』が、町人などの庶民の世界では『出世』がつかわれていた。武士が立身という言葉をつかったのはかれらの身分文化が儒学によっていたからである。……町人が『出世』という言葉をつかったのはかれらの身分文化が仏教によっていたからである。出世はもともと仏が衆生を救うためにこの世にあらわれることや、世間的なものを超えていることを意味した仏教用語である。」竹内洋『立身出世主義―近代日本のロマンと欲望―』（世界思想社、二〇〇五年）。

「立身出世」とは、社会における自分の地位の確保、つまり社会的地位が高くなること（＝立身）であって、そのスピードと地位が多くの人よりは優れている（＝出世）ということになる。このように、立身が出世と同義であると解釈することができれば、それはそれで幸福なことにちがいない。

だが、たいていの場合、立身が必ずしも出世という結果につながらないからこそ、人びとは立身と出世との関係について思いをめぐらせてきたのではあるまいか。企業と社会とのあるべき接点のあり方を探ってきたわたしなどもまた、その思いをめぐらせてきた者の一人である。

立身出世という切り口は、わたしたちが生活する社会のみならず、いろいろな国の社会についても、そのあり方の類似と差異を通して、わたしたちに生きていくための重要な視点を提供してくれる。他方において、立身出世などという分析データはきわめて個人的なものでもある。そして立身出世といえば、そこには社会的地位という序列がそれぞれの社会の暗黙知となってもいる。

一般に、社会的地位という序列とそこからの乖離度あるいは近接度によって、世俗的に「世に出る」という意味で出世が規定されているとすれば、信念や信条において「身を立てる」という意味での立身の方はどうだろうか。

「懐豊かにして心豊か」という身の立て方——生き方——であれば、立身と出世は幸福な関係にあるだろう。だが、「懐豊かにして、心貧しき」と「懐貧しくして、心豊か」といった身の立て方の場合、あなたはどちらを望むだろうか。そこでは、立身と出世との関係は実は一筋縄ではいかないのである。

いうまでもなく、社会の豊かさは個人のもつ才能が十二分に引き出され、それが社会において有効に活用されてこそ、社会と個人との関係が良好に維持され、発展していくものである。すくなくとも、私の社会観と幸福観はそうである。

ここらあたりで、わたし自身の「立身」の定義を開陳しておく。「立身」とは「個人の才能が開花されることで身を立てること」である。他方、「出世」とは、「個人の才能が社会で十二分に有効に活用された結果としての地歩」である。

そのためには、人びとの才能が生かされる場とその機会が個人に平等に提供されなければならない。そうした意味においてこそ、立身と出世が幸福な関係にあることが重要ではないだろうか。必然、そこでは、個人の幸福観と社会の幸福観との関係が問われることになるのである。

個人の幸福観やそれに先行する幸福感はだれしも当初から持って生まれたものではなく、自分が生れ落ちた家庭——父母など——での幸福観（感）、それを取り巻く血縁という家族関係のなかでの幸福観（感）、さらには初等教育、中等教育、そして高等教育という学校社会、そこでの友人関係、地縁という地域社会のなかで後天的に形成されるものである。

本書では、そうした立身と出世との間にある社会構造についてとりあげたい。これにはいくつかの方法論や分析手法が考えられる。その一つは、人の一生（life cycle）における立身と出世との対応関係を具体的にみるというやり方である。このためには、地道で時間のかかるフィールド調査が不可欠である。

わたしたちが常に社会的存在である限りにおいて、生まれ落ちた瞬間から初等教育をうけるまでの時期、あるいは、その後、学校という選抜機構と卒業後の立身と出世がどのような関係をもっているのか、そもそも、学校という機関への入口が平等なものとなっているのか、などが分析されなければならない。

社会における平等性については、わたしたちの憲法は第一四条で「すべて国民は、法の下に平等であって、人種、信条、性別、社会的身分（social status）又は門地（family origin）により、政治的、経済的又は社会的関係において、差別されない」と定めている。

他方、第二六条は、「すべて国民は、法律の定めるところにより、その能力に応じて、ひとしく教育（equal education）を受ける権利を有する」とも規定されている。つまり、わたしたちは法の下で平等を保障されているが、社会における平等とは能力との関連で解釈されている。

考えてみれば、わたしたちの人生とは選択と選抜の連続である。等しく教育を受ける権利の平等性といっても、教育を受ける権利という点で平等でも、教育をうける機関——学校など——の平等性までは保障されていない。

それはあくまでも能力に応じた教育機関を選択する平等性——受験資格——であって、選抜結果——入学への合格——の平等性を保証してはいない。いうなれば、試験に挑戦する自由という平等性は、合格・不合格という選抜結果の個人能力において試されるのである。

個人の能力と平等との関係について、さほど成績が良くなかった人たちが選抜されていたら、多くの人たちはそうした選抜機構の平等性を疑うだろう。そして、反発することは自明であろう。反面、社会的出自などに関係なく努力した者が合格というかたちでその努力が認められれば、多くの人は反発しないだろう。平等と能力との関係を抽象的な議論ではなく、身近な事例で処理すればこのようになる。

わたしたちは学校という選択と選抜を経て、それでおしまいというわけではない。学窓を巣立ってから、わたしたちは経済的自立を迫られる。むろん、親などからの所得移転などによってその必要性に迫られない人たちもいるであろう。だが、そのような人たちは少数派にとどまる。ほとんどの人たちは企業や役所などの組織――起業する人たちもいるだろうが――を選択しようとして選抜される。

一部の特殊技術・技能職などを除いて、公務員の一般行政職などの登用制度は学校のような選抜機構――公務員試験――をもつ。反面、一般企業の方は千差万別の選抜方法をもっている。

そこでは学校などでの学業成績やクラブ活動の経験だけではなく、さまざまな才能がその選考対象となるといわれる。そうして選抜されて入った組織でも、人は管理職などへの選抜的価値観の存在に気づく。そこにも、組織の帰属意識に深くかかわった立身出世の暗黙知的序列観がある。

その種の暗黙知的序列観は企業の「内」だけではなく、「外」へもそれなりの拡がりをもつ。たとえば、縁者や知人などの子供たちに就職のことなどを聞いて、名のよく通った大企業などであると、思わず「良かったですね」と応えるわたしたちがいる。

他方、無名の小さな企業であったりすると、「そうですか、がんばってください」と思わず声をかけたりする。要するに、「これからは、大企業と違って明日をも知れぬ小さな企業で大変ですね」ということである。

この種の企業規模に関わる意識文化は、もちろん、日本だけではない。米国にだってあるし、ドイツにだってあれば、韓国やフランスにだってある。一旅行者として、他の文化圏を通り過ぎるだけであれば、そのような暗黙知的序列観に気づくはずもない。

だが、一生活者として異なった文化圏で一定期間生活すれば、旅行者であったころには感じることができなかった社会的地位の序列観が徐々にわかってくる。(＊)

＊たとえば、つぎの拙著を参照。寺岡寛『比較経済社会学—フィンランドモデルと日本モデル—』(信山社、二〇〇七年)。

そうした序列観の違いを文化面での違いで片づけてしまってよいものだろうか。たとえば、「職業に貴賤の上下なく」という文言がありながら、他方で「官尊民卑」観や「大尊小卑」観が他国の社会以上にわたしたちの社会に厳然としてあるならば、わたしたちの経済社会で、役所か民間企業、あるいは大企業か中小企業に就職し働き続けることの歴然たる「格差」——むろん、個々の例外があるのはいうまでもない——があると現実には認識されている。それが社会の価値観に反映されているのである。(＊)

＊この種の社会意識調査については、つぎの拙著を参照のこと。寺岡寛『中小企業の社会学—もうひとつの日本社会論—』(信山社、二〇〇二年)、同『中小企業の政策学—豊かな中小企業像を求めて—』(信山

社、二〇〇五年)。

いくつかの格差ということで筆頭にあるのは、賃金格差や生涯所得格差である。あるいは、倒産などによる所得喪失のリスク、退職後の関連会社などへのいわゆる第二の就職といったセーフティネットの有無や強弱などである。また、気体や液体の逆流防止弁のように、新規学卒者限定の労働市場で就職してしまえば、その後、大企業から中小企業へ移れても、中小企業から大企業へと転職する機会が少ない不均衡性の現状もある。

要するに、日本社会で働く人たちのセーフティネットは、働く場の組織によって異なる。役所と民間企業、民間企業でも大企業と中小零細企業では差がありすぎる。そうした制度面の違いを反映させたリスク回避観が、立身出世観に反映されていたとしても当然である。

人はたまに気分転換でジェットコースターに乗るのは良いが、毎日だとつらいのである。多くの人は安定した生活を求める。

セーフティネットの点からすれば、わたしたちが求めるべき具体的解決方法はどのようなものであろうか。それはどのような組織に所属しようが、すべての者に対し役所並みの生涯雇用が保証され、大企業なみの賃金水準——現実には大企業にもその属する産業による格差がさらに存在している——が保証されるに越したことはない。だが、それは現実的ではない。

それではというので、所得の平準化をはかり、すべて中小零細企業——むろん、高所得賃金の中小企業もあるが――並みにというわけにもいかない。他方、その真ん中ぐらいのセーフティネットの整備が良いということになれば、それを求める強い国民の政治意識とその具体化へ向けての真剣な取り組みが必要である。でなければ、セーフティネット制度の整備などできない。

先ほど紹介した日本国憲法第二六条のひとつ前の第二五条は、「すべて国民は、健康で文化的な最低限の生活を営む権利を有する」という規定である。この権利規定とともに、国の義務規定として「国は、すべての生活部面において、社会福祉、社会保障及び公衆衛生の向上及び増進に努めなければならない」と政府の努力を促している。

これを「入口論」と「出口論」という視点からとらえなおしてみる。

入口論ではわたしたちの憲法の第一四条と第二六条で定められているように、入口での平等が保証されなければならない。ただし、現実にはすべての人に平等が保証されているわけではない。政府が国民をすべて公務員――なりたくない人たちもたくさんいるだろうが――として採用することで、安定した雇用とそれなりの賃金を保証することはできないのである。

繰り返すまでもなく、そこにトーナメント方式(*)の選抜機構の問題の本質がある。不況になれば、公務員職への試験倍率はときに数十倍、あるいはそれ以上になる。だが、応募者がすべて採用されるわけではない。トーナメント方式の選抜機構のもっとも大きな問題は、選抜において絶対評価が行われないことである。あくまでも、相対評価だけが行われる。

＊トーナメント――元来は中世欧州社会の騎士の馬上の槍試合の勝ち抜き選抜から来ている。それぞれの組が勝ち抜き戦を繰り返し、最後に残った二者が優勝を決するやり方である。これが公平な選抜方式であるかどうかは、たとえば、最初、誰に当たるかで不公平が生じる。たとえば、最初の試合で双方が優勝候補のような強い相手同士の場合である。このため、現在のオリンピックなどでは、シード制や敗者復活戦などが設けられている。シードは語源的には古代フランス語の「回転する」から来ている。

数百人の応募者があり、その人たちすべてが試験で一定水準を達成していても、募集がわずか二人であれば、その二人以外の人たちは評価されない。それは、まるで甲子園で行われる全国高校野球大会のようでもある。トーナメント選抜に参加する全国数千校の頂点に立つのはたったの一校にすぎないのである。

同じことは大学入試センター試験――全国共通テスト――でもいえるのである。この試験で一定水準以上の学力があることが実証されても、希望校の入学定員数の制限から、絶対評価は相対化されて評価される。

だが、トーナメント方式の選抜方法や制度が廃止されずにいまに至るまで継続されてきたのは、なぜだろうか。それは、成績や試合の成績が情実判断の結果であったり、あるいは八百長であったりという面を「良し」としない公共精神がそこにあるからである。すくなくとも、多くの人がそのように考えているからである。わたしたちは、平等という「入口」を能力差の成立という「出口」で承認しているのである。

と同時に、たった一校しか優勝しないことが分かっているトーナメント戦に参加するのは、もちろん、自分たちだって優勝するかもしれないという希望と、たとえ優勝せずとも、選抜過程で他の選択がある程度可能であるという前提がどこかで留保されているからだ。

　全国優勝チームからだけプロ野球チームの選手となる可能性があるわけではない。そこにはプロ選手だけではなく、大学野球選手、社会人野球選手などへの途も開けているのである。

　だが、それでも大多数の参加者は夢破れる。にもかかわらず、彼らを駆り立てるのは、いったい何なのだろうか。この背景には、参加を促す制度の存在だけではなく、むしろ参加しないことを問題視するような社会的規範——世間の掟——もまた存在している。

　なによりもそれだけ大多数の人たちがトーナメントに参加する中で、参加しないことを表明するには、それなりの勇気が要るのである。そこには、参加と不参加をめぐるある種の社会的圧力や社会的損失観が存在する。

　他方、出口論である。精一杯努力して夢破れた人たちにもそれなりの結果が保障されることがなければ、トーナメントそのものへの参加がばかばかしく思えるのではないだろうか。そこには、シード(*)も加味されて、トーナメント戦が組まれる。それはスポーツの世界だけではなく、わたしたちの社会にもある。

＊シード――トーナメント競技では、強い選手やチームなどを前もって想定して、強豪選手やチームが最初の段階で組み合わされないように対戦スケジュールが組まれる。

受験の偏差値とこれに応じて序列化された学校選択、あるいは、かつての就職試験での指定校制などもかたちを変えたシード権付きトーナメント選抜といえなくもない。

とはいえ、シード権付きトーナメント選抜であっても、学校、そして、就職など、自分たちがどのようなキャリアを選択しうるかによって、自分たちの一生涯を通じた生活が大きく異なる、といまも多くの人たちは信じている。

いずれにせよ、わたしたちは社会的選抜というトーナメントに否応なく参加させられている。必然、トーナメントで勝ち続けたいという意識と同時に、トーナメントを避けたい意識をもっている。戦わず勝利するのがだれにとっても理想的である。

したがって、望ましい出口としては、トーナメント戦での敗者復活戦の存在とそこからさらに抜け落ちても、それまで続けた努力が別のかたちや待遇で報われる必要がある。すくなくとも、そのようなかたちの敗者復活が留保されなければならない。

換言すれば、所属組織によってわたしたちの生活の質が大きく左右されてはならないことになる。つまり、ナショナルミニマムというセーフティネットが保証される必要がある。

そうした堅固なセーフティネットは、他方で努力しなかった人を救済することもできる。そこにはモラルハザード(*)の問題がある。モラルハザードを招くという批判はむかしからいまに至るまで根強く展開されてきた。

＊モラルハザード――従来は保険業界で使われてきた。保険によって事故を引き起こす人がその補償を軽減されることで、事故そのものを起こすことを防止しようという意識を低下させることを指した。ここから転じて、現在は倫理観の喪失という意味でも使用されるようになった。

この種の議論はいまも健在である。法律という制度で何でも解決できるわけではないのである。制度とは公共精神によって維持される必要がある。つまり、健全なる制度は健在なる精神に宿る。トーナメント方式、あるいは、それが極端にゼロサム(*)的選抜方式として、敗者の勝者への飽くなき挑戦を促し、組織の活性化が生み出される可能性もないことはない。反面、人と人との関係がいびつなものとなり、そこから連帯感が容赦なく奪い取られる可能性もまた存在する。この二つの可能性が同時にわたしたちの社会や組織に内包・蓄積されていくことになる。

＊ゼロサム――複数の人たちがゲームなどで勝ち負けを争うと、勝利者が得た利益（プラス）は、敗者が失った損失（マイナス）であり、全体としての総和（サム）はゼロになることになる。

役所や企業でトーナメント方式による「人の商品化」、あるいは「人の序列化」が行われ続ければ、「人の役所化」あるいは「人の企業化」もまた同時進行する。

組織内序列観や組織間序列観がやがてその所属組織を離れた広域な社会にまで拡大され、本来あるべき人と人との間にある社会的連帯性までが奪い去られる可能性もある。そこまで言い切れるわけではないが、社会的連帯性の希薄化が進んでいるのが、いまの日本社会である。

人と人との社会的連帯性の希薄化は、人びとの社会意識を変え、本来、その社会がもっていたある種の自律的社会再生作用を破壊する。社会のもつ自律的再生作用とは、「わたしだけが良ければ良い」あるいは「わたしだけが例外で良かった」ではなく、「わたしたち以外の人たちのことを気にかけよう」という精神の外面化――公共意識の存在といってもよい――である。

そうした社会の自律的再生作用はわたしたちの公共意識と深い関係をもって形成されてきたのである。それは、わたしたちの日本社会の変遷をみても十二分に首肯できるものではないだろうか。

さて、以上が立身出世にかかわるわたしたちの社会のあり方をめぐる論点の素描である。では、学校というトーナメント選抜によって得られた学歴が、その後の社会における立身出世をどの程度規定しているのだろうか。

「立身出世」を企業など組織での昇進であると定義すれば、学歴と組織内序列との関係、あるいは敗者復活戦はわたしたちの社会でどのように整備されているのだろうか。日本社会におけるそうした観点からの分析は、いままで一般論としては論じられてきた。また、具体的な個別論として、成功美談はあってもむろんそれは体系的ではなかった。

学校という選抜機構と立身出世への認識が、わたしたちの職業選択や生き方にどのような影響を与えてきたのか、また、いまも与えつづけているのか。本書では、役所などについての分析は他書——たとえば、政治学分野での「官僚論」とか「官僚組織論」——に譲るとして、企業の経営者層と学歴構造との関係を経済社会学的視点から論じたい。

日本では、学校制度が広範に整備されておらず、「学校出」が希少であった明治期から「学校出」が増え始め、大企業を中心に日本の労働市場が新規学卒者の定期採用を制度化し始めたのは大正期であった。この時代、必然、だれでもが学歴の恩恵を受けることは困難となっていった。

教育社会学者の竹内洋は、『立身出世主義—近代日本のロマンと欲望—』（増補版）で、大正期以降の「立身出世主義」精神の変化をつぎのようにとらえている。

「大正時代の学歴レースの形態変化は、『庇護』型選抜から『トーナメント』型選抜への変化とみることができる。……トーナメント型は目標の置換を作動させることによって長期的野心（卒業後の職業志望）を蒸発させ解体させる。野心が学歴獲得に局所化するだけではない。野心はさらに目前の学歴獲得だけに微分化される。」

要するに、学暦獲得がその後の職業選択の優位性——序列的秩序観において——を保証するものでなくなると、手段が目的化され、受験熱だけが過熱化されていった。竹内はそのようにみているのである。わたしもそう思う。他方、そうした変化は、ささやかな立身出世観——立身出世熱の「保温」——と癒しの文化を生み出していった。これが竹内の分析結果でもある。

竹内がささやかな立身出世観として指摘したのは、従来のだれでもが社長を目指すような熱き意気込みでは決してない、細分化された組織内で、せめて課長ぐらいにはという「小さな上昇移動」思考である。

他方、癒しの文化は「修養」のイデオロギーへと置換されていった。俗っぽくいえば、出世しなくとも、自分たちが取り組んでいる仕事が自分の人格などを高める修養となると信じることである。結果ではなく、とにかくそれなりに頑張ったという過程重視の自己満足型の冷却である。

振り返ってみれば、竹内が「より良き」と思われる職業選択を目指すために、学歴熱が過熱化され始めたと指摘した大正期などは、大学や高等専門学校など上級学校へ進学する社会的階層はいまと比べようもないほどほんの一部であった。学歴獲得トーナメントに参加しえない人たちの方が、むしろはるかに多かったのである。

しかしながら、そうした時代では、逆説的ではあるが、講義録——いまでいう通信教育講座——などが農村でも広範に読まれるほどに、学歴を通じた立身出世主義が生まれていたのである。そのように社会上昇熱が過熱化されていたにもかかわらず、レースに参加しえない人たちのほうがはるかに多かった。学校出にはなれない少年や青年たちは、また別の立身出世観と癒しの文化を共有していたに違いない。

やや単純化した構図では、学校出の社会階層の立身出世主義が大企業文化を代表していたとすれば、それへの対抗文化――カウンターカルチャー――として自営業や零細企業に関わる文化――ここでは中小企業文化といっておく――も存在していたのである。(*)

＊この点については、つぎの拙著を参照のこと。寺岡寛『中小企業の社会学―もうひとつの日本社会論―』(信山社、二〇〇二年)。

前者が「高学歴・低熟練」という社会階層のビジネス文化であるとすれば、後者は「低学歴・高熟練」の社会階層のビジネス文化であった。(*)

＊ただし、前者でいう低熟練と後者でいう高熟練といった場合の「熟練」は必ずしも同じではなく、職位や職能によって実は大きく異なる。たとえば、理工系の卒業生の場合、設計や研究開発に関わる経験は現場での実践を通じて高められる。したがって、学校での熟練度はもっぱら知識に偏しているのであって、それが経験を積むことによって徐々に高められていく。いわゆる実装技術の熟練度において、学校を巣立ったばかりの彼らあるいは彼女らの熟練度は低いのである。他方、社会人文系の卒業生では、学校などでの座学知識はあまりにも一般的であって、実践能力は管理部門や営業部門でのＯＪＴを通じて身についていく性格のものであって、卒業したばかりの学生たちの熟練度は低い。この点、中等教育を終え、町工場や商店などでいろいろな経験を積むことで、彼らは高熟練化していく。したがって、高学歴者が社会に巣立ったばかりの年齢層においては、低学歴者のほうがはるかに技能などにおいては高熟練者となっている。もっともこれは一般論である。現実には、特に技能と技術が大きくかい離した技術分野においては、従来の技能や技術知識が短期間に陳腐化して、新たな技術体系が主流になることで、

それまでの高熟練の優位性が大きく低下する場合もある。

こうした図式と企業文化の差異を構成してきた社会構造も、いまは大きく変化してきた。大学入試ということでは、竹内が日本の学歴文化の大きな転換点とみた大正期とは比べようもないほどに、現在、大学教育そのものが大衆化している。

中学などの義務教育だけを終えて社会へと巣立っていく人たちの数はきわめて少なく、文字通り「金の卵」となった。高校教育は実質的に義務教育化された。大学への進学者や専門・専修学校への進学者の総計は、高校を卒業して職に就く人たちの数をはるかに上回るようになった。

かつての大企業＝高学歴者、中小企業＝低学歴者などというステレオタイプ化された図式は崩れ去ったのだ。従業員の学歴からみれば、中小企業の大企業化が一貫して進行してきたのである。

他方、中小企業のイメージとしてとらえられてきた雇用形態や雇用情勢も大きく変わった。倒産転廃業による雇用の喪失、派遣従業員や期間従業員などに代表されるような不安定雇用が大企業においても起ってきた。安定したはずの大企業で、不安定な雇用形態で働く人たちの数も多いのである。雇用において、大企業の中小企業化もまた進行してきた。

以上に述べてきたことを念頭において、わたしが『学歴の経済社会学』を通して日本社会——必要に応じて国際比較も行うが——のなにを描こうとしているかにふれておく必要があろう。

いうまでもなく、わたしたちの経済は、新たな企業が新たな製品やサービス——より優れた品質と魅力ある価格帯で――で市場に参入することで活性化されてきた歴史をもつ。もちろん、既存企業でもそれらのことは可能である。だが、既存企業によるそのような市場支配の拡大は、他方において新規企業の活躍の場に制約を課してきた。

ダイナミックで豊かな経済には、資本集約度において大企業が活躍できる分野がある一方で、知恵やアイデアが一杯詰まった面白い商品やサービス、あるいは地域の人びとのかゆいところにまで手が届くような地元に密着したサービスなどを提供できる中小零細企業の存在を不可欠としている。

そのようなさまざまな企業体が存在してこそ、ダイナミックで豊かな経済社会が達成されるものである。そして、小さな企業群のなかからも急成長企業などが出てくる可能性もある。それは多くの人に夢を与えるにちがいない。少なくとも、わたしはダイナミックで豊かな経済をそのように考えてきた。

そうした経済社会のあり方はいままでにも多くの論者によって主張されてきた。古くは「中小企業論」の定番メニューとして、現在では、その一部は「ベンチャー論」として、その一部は「社会起業家論」、あるいは、その一部は「コミュニティビジネス論」として論じられている。また、政府のさまざまな政策においても謳われてきた。

だが、わたしにはそうした議論の際の担い手像が見えてこなかった。たとえば、ベンチャー論といった場合、では、だれがそのようなハイリスク・ハイリターン型のビジネスを担うのか。エリート官僚なのか、エリートサラリーマンなのか、エリート大学教授なのか、失業者なのか、家庭の主婦なのか。大学のオーバードクターなのか、テレビの経済コメンターなのか。

ややもすれば、わたしたちの社会において、ベンチャー起業家の数よりも、ベンチャー起業家研究者の数のほうが多いのではないかと思えるような時期もあったのである。

さて、わたしも含め、人はできれば立身して出世したい気持ちをどこかでもっているものである。人はなにがしかの立身出世主義をもっているものなのだ。だが、そうした立身出世観はあくまでも相対的なものであり、それは明治や大正ではある種のかたちをもち、昭和でもまた以前と異なるある種のかたちをもっていたのである。また、いまももっている。

昭和の時代といっても、戦前と戦後とは異なる。戦後日本社会でもっとも新しい企業が多く生まれたのは高度成長期であった。当時の立身出世観と平成の世となった現在のそれとは異なっていて当然である。

わたしは人びとの立身出世観の変遷とそのいまのかたちを通じて、小さな企業の担い手たちの背景にあるわたしたちの社会のかたちを素描してみたいと思っている。

その手段とフィールドスタディーの場として、同窓会――個人的データーベース――で垣間見たわたしの同窓生、先輩たち、そして後輩たちの等身大のすがたを通じて、これからのわたしたちの経済社会のあり方、そして小さな企業の担い手像などを論じてみたいと思っている。

第一章　同窓会学と経済社会学

学窓から社窓へ

人は出自という社会的背景をもつ。だが、不思議なもので、出身地域や習慣などが異なっても、同じ学校などで学ぶ機会をもつことで仲間意識が生じてくる。卒業後においても、若いころにわずか数年間の時空を共有したことで、同窓会という機構を通じて、共有したいろいろなことが思い出として、現在へと再生産されていく。

フランスの社会学者ピエール・ブルデューが指摘したように、学歴という若いころに獲得した無形資産が「文化資本」(*)として、しばしば立身出世の階段において大きな役割を果たした。それがゆえに、人びとは同窓会に対して、プラスの意味でもマイナスの意味でも関心を示してきたともいえる。

＊文化資本――上位階層がもつ言葉づかいや所作などの身体化された行動様式、芸術的趣味――絵画、音楽、愛読書など――といった、学校――エリート校――などを通じて獲得された資本のことである。その獲得には幼児のときからの家庭環境、そうした学校へ入学できる経済的余裕などが必要である。そうした

文化資本が社会における立身出世を支える資本にもなると解釈される。学歴もまたそうした文化資本の一つである。ブルデューの文化資本についての考え方については、つぎの拙著を参照。寺岡寛『資本と時間―資本論を読みなおす―』（信山社、二〇〇七年）。

わたし自身は、自らのフィールドスタディーの一環として同窓会にもよく出席するし、出身大学のゼミナールの同窓会の事務局などは一〇年間ちかくやって大変な思いと貴重な経験をしたことがある。また、わたしのゼミナールを巣立っていった卒業生たちの同窓会にも必ず顔を出すようにしてきた。

そこで感じたことは、同じ学窓を巣立ったことが、自分たちが社会へ出るときのある種の同一基準――スタート地点――であると認識されていることである。とはいえ、同級生は歳を重ねるごとに社会的地位が異なっていく。同様に、歳を経れば、先輩や後輩の社会的地位も異なっていく。

若いころはともかく、歳を重ねると、同級生などの動静が気にかかるものである。そうした感覚はわたし自身のなかにも生じたし、同窓会のなかで同級生、先輩や後輩を観察していても感じた。

学生時代には同じ学校、同じクラス、同じゼミナール、同じ研究室、同じクラブなどの学生ということで社会的序列感もなければ、社会的地位という意識もなかったはずである。だが、「同窓」から社会という場である「社窓」へ移り時を経ると、もはや現在点は出発点と同一ではなくなっている。むろん、そうしたことに全く無頓着な人たちもいるし、過敏なまでに気にしすぎる人たちもいる。

それは当然でもある。同窓のあとの社窓では、技術者になった同級生もいれば、銀行員になった同級生もいる。自営業を継いだ同級生もいれば、公務員になった同級生もいる。

そこには経済環境の変化によって、良かれと思って就職した業界や企業がその後非常に厳しい状況となったり、当時、だれもが注目せず仕方なく入った業界や企業がその後急成長を遂げ時代の花形産業となった場合だってある。

同窓会などで久しぶりに同窓生や同級生などと顔を合わせ、話を交わすうちに学生時代というスタートラインの時空にわたしたちは引き戻されたような感覚をもつ。が、同時に、自らの社会的地位を意識しすぎて次回からは出席しづらい人もいる。また、自らの社会的地位を意識したゆえに、いままで欠席で通していたが次回は出席したいという人も出てくる。

反面、社窓をも卒業した人たち、つまり、企業勤めや役所勤め、あるいは自営業などから現役引退した人たちは、自らの社会的地位を象徴する名刺などを持たなくなると——なかには、相談役とか名誉会長とかの名刺を配る人たちもいるが——、会社などの実利めいた話や人事や業界裏ネタのような生臭い話はしなくなる。

彼らは趣味や孫などのたわいもない話に花を咲かせる。まるで、数十年まえの学生時代の時空に戻っているようなそうした光景を、わたしは何度も目にしたことがある。

しかしながら、よく考えてみれば、同窓生や同級生ということで、「同じ」クラスや「同じ」ゼミナールなどの出身であっても、同窓会役員、ましては学校全体の同窓会本部の役職者にはそれなりの選出ルールがあるのである。同窓会では浮世の社会的地位は問われないようではあるが、概していえば、同窓会の役員などはほとんどが功成り名を遂げた人たちばかりである。

そこには、企業の優劣という基準が決してないわけではない。同窓会の役員選出には社格という暗黙知的序列観が微妙に反映されているのである。地方企業よりも全国企業、全国企業よりも世界的企業の経営層、二部上場企業よりも一部上場の著名企業、中小企業よりも大企業、衰退産業の地味な企業よりは成長産業の花形企業の経営者、といった具合である。

そうなると、「同じ」ということが強調される同窓会といえども、同窓や同級の人たちのほぼ全員が顔をそろえることなどはない。集まってくる人たちにはそれなりの共通点があるのである。

こうした同窓会についての詳しい分析や、同窓会を通して社会を分析する「同窓会学」的考察はあとに譲るとして、まずは学校と同窓意識との関係などについてふれておく必要があろう。

欧米社会と同等に、あるいはそれ以上に、日本社会においても教育制度が近代化に果たした役割はきわめて大きかった。学校数の増加とそれにともなって増加した卒業生のなかに同窓意識が生み出されていった。同窓から社窓へと巣立った卒業生たちは同窓会という機構を通じて、卒業後も同窓意識を継続させた。

同窓会は、若いころの思い出を共有させることで懐かしさを得る心地よい時空であると同時に、しばしば実利的な意味でそこに連なる人たちに種々の便益を提供してきた。

学びの縁――いまのことばでいえば、学窓ネットワークあるいは同窓ネットワーク――はしばしばビジネス上の費用節約効果をも生む。たとえば、取引先の新規開拓や情報収集に関わる費用負担が相手側に同窓生がいることで低減されたと感じた人たちも多いことだろう。わたしにもその種の経験は多々あった。

ところで、日本において近代化とは、江戸期以来の固定的身分制度の解体を意味した。身分制の撤廃は、人びとの流動化を促すことで達成されたものである。日本における封建的身分制を実質的に崩し、社会階層の流動化を促したのは、性急に欧米社会から間に合わせ的に移植した法律的諸制度よりも、教育制度の普及であったといってよい。

日本での近代教育制度史をひも解いておくと、学制――学校制度――が制定されたのは明治維新からさほど時間が経過していない時期、明治五［一九七二］年のころであった。文部省はその公布の前日に太政官布告(*)第二一四号で「学制趣意書」を発表した。

＊太政官――慶応四［一八六八］年の政体書によって設置された日本政府の最高行政機構であって、翌年、官制改革によって民部省や工部省など六省を管轄。いまでいう内閣のことである。明治八［一八七五］年の内閣制度によって廃止された。

趣意書は、まず学校の意義についてふれた。すなわち、「人々自らその身を立て、その産を治めその業を昌《さかん》にして、以てその生を遂るゆえんのものは他なし。身を修め智を開き、才芸を長ずるによるなり。而て、その身を修め智を開き、才芸を長ずるは、学にあらざれば能わず。これ学校の設あるゆえんにして、日用常行・言語・書・算を初め、士官・農・商・百工・技芸及び法律・政治・天文・医療等に至るまで、凡人の営むところの事、学あらざるはなし」と述べ、明治の世では人びとは個人として学校でさまざまな分野のことを学ぶことで、身を立てるべきであると説いた。つまり、つぎのようになる。

「人よくその才のあるところに応じ、勉励してこれに従事し、しかしてのち初めて生を治め産を興し、業を昌にするを得べし。されば、学問は身を立るの財本ともいうべきものにして、人たるもの誰か学ばずして可ならんや。夫《そ》の道路に迷い、飢餓に陥り、家を破り、身を喪うの徒の如きは、必竟不学よりしてかかる過ちを生ずるなり。」

学制趣意書では、学問とは身を立てる手段、つまり、実学として明確にとらえられていた。かつては、学問は「士農工商」のうち武士——士人——のみが行うものとされ、そうした学問において「動もすれば『国家のためにす』と唱え、身を立てるの基《もとい》たるを知らずして、あるいは詩章・記誦の末に趨《はし》り、空理虚談の途に陥り、その論高尚に似たりといえども、これを身に行い事に施すこと能ざるもの少なからず」とされた。だが、明治の世になって、学問は天下国家のためではなく、個人の身を立てる手段であることがなんのためらいもなく強調された。

また、明治以前の高尚な空理空論への取り組みは決して人びとの才芸を伸ばさず、それゆえに、武士層のそのような空理空論への取り組みは「貧乏・破産・喪家の徒多いゆえんなり」とされた。かつての士の「生活」論理に対し、農工商の「生産」論理が強調されたのである。ゆえに、趣意書は学制の必要性をつぎのように強く訴えた。

「人たるものは、学ばずんばあるべからず。これを学ぶによろしくその旨を誤るべからず。これに依って、今般文部省に於いて『学制』を定め、追々教則をも改正し、布告に及ぶべきにつき、自今以後一般の人民（華士族・農工商及び婦女子）必ず邑《いう》に不学の戸なく、家に不幸の人なからしめん事を期す。人の父兄たるもの、宜しくこの意を体認し、その愛育の情を厚くし、その子弟をして必ず学に従事せしめざるべからず――高上の学に至りては、その人の才能に任すといえども、幼童の子弟は、男女の別なく小学に従事せしめざるものは、その父兄の越度たるべき事。」

人は学ばなければならない。そのためには学校が必要であり、学制は学校に関する制度整備を示した。これからは、旧身分である士農工商にかかわりなく、また、男女の別にかかわりなく、不学の人たちがないように努めることが国民に対して真摯に説かれた。

さらに、念を押すように「但し書」が付けられている。すなわち、「但し、従来沿襲の塀、学問は士人以上の事とし、『国家の為にす』と唱うるを以て、学費およびその衣食の用に至るまで、多く官に依頼し、これを給するに非ざれば学ざる事と思い、一生を自棄するもの少なからず。これみな惑えるの甚しきものなり。自今以後、これらの弊を改め、一般の人民他事を抛《なげう》ち、自ら奮って必ず学に従事せしむべきよう心得べき事。」

「沿襲」というのは昔からのならわしや因習のことである。文部省は江戸期とは異なる明治の学問観を明確に示した。そして、地方官に対して「辺隅小民ニ至ルマデ、洩ラサザルヨウ便宜解釈ヲ加エ、精細申論、文部省規則ニシタガイ、学問普及致シ候ヨウ方法ヲ設ケ、施行スベキ事」というように、それぞれの地域の指導者に学校の設立を早急に求めたのである。

このような学制が制定された翌月、文部省は「小学校教則」を正式に公布し、四年制の初等教育——六年制となるのは明治の終わりであった——が打ち出された。

そこでは洋学——算術、理学、地学など自然科学系の授業——が重視されることになった。とはいえ、現実には、テキストの整備など、米国の小学校テキストの直訳で済まされるはずもなく、その後、多くの試行錯誤を経ることになる。共通日本語の創出も小学校教育の前提として大きな課題となっていた。

従来の江戸期の身分によって行われていた公式あるいは非公式な教育制度は、明治の学制によって初等教育から士族、農民、町民などの旧身分の区別なく一本化された。このことはすでに述べた。

より本質的に重要な大変革は、学校教育における身分制廃止が日本で徹底して行われたことであった。(*) これに対し、欧州諸国では、身分制に関わった私立学校が維持されたといってよい。

＊とはいえ、学習院のような学校もあった。学習院は江戸後期の京都の公卿子弟のための「学校」（＝学習

所）に起源する。それは明治維新後に廃止されたが、明治一〇［一八七七］年に再開された。皇族や華族――明治二［一八六九］年の当初は旧公卿や旧大名の家系に属する者であったが、明治一七［一八八四］年の華族令によって明治維新に功績があった旧下級武士層や実業家にも適用――のための教育機関となった。

教育機会の平等化を打ち出した明治政府の学制を受けて、日本各地で初等教育が試行されていくことになる。ただし、すべての児童が小学校に入学できたわけでもなかった。また、入学後の児童がすべて卒業できたわけでもなかった。

同時期、中等教育、高等教育も整備されつつあった。だが、そうした学校で学ぶことのできたのは当時の人たちのほんの一部であった。中等教育や高等教育になると、たしかに入学資格において身分制が完全撤廃されたが、実際には、資力やそれに起因した学力の差から「士族・平民」別では、初期においては士族の子弟が圧倒的な割合を占めた。

門地という身分にかかわりなく、いろいろな社会階層からの入学者たちが増えるまでには一定の時間を要した。しかし、やがて、日本の中等教育や高等教育は、身分制を残した近代化であった欧州社会と比べて、より一層の平等化を達成していくことになる。

旧文部省統計から、一九世紀から二〇世紀の変わり目となった明治三三［一九〇〇］年の学校数をみてみると、尋常小学校――四年制――の数は全国で二・五万校を超え、在籍生徒数は男女で三七三万人――男子二〇六万人、女子一六七万人――となった。尋常小学校の継承校であった当時二～四年制の高等小学校は約六〇〇〇校で、その在籍生徒数は男女で八七万人――男子六六万人、女子二一万人――であった。

そこから中学校（二一八校、男子のみ七・八万人）、実業学校（甲種一四三校、男女で一・八万人弱）、さらには高等学校（七校、男子のみ四・九千人）、高等専門学校（七校、人数不詳）、大学（二校）などへと進学する人たちの数はきわめてわずかであった。ちなみに、この年、帝国大学の学生数は三二〇〇人ほどであった。現在、日本の大学生数は二八〇万人を超え、教員数も一七万人ほどである。隔世の感がある。

その後、日本の高等教育機関や高等専門学校の数は、第一次世界大戦の好況を背景に急増した大正期半ば以降をみると、大学は一六校になり、学生数も二万人を超え始めていた。高等専門学校や大学などの卒業生が急増した結果、新規学卒労働市場での需給バランスが崩れ、高等教育の大衆化などが問題視されるようになった。だが、第二次世界大戦後の大学への進学率の高まりと比較すれば、当時の状況などいまの大学大衆化の序曲のそのまた序曲にすぎなかったことになる。(＊)

＊このうち、高等商業学校や経済など社会科学系の大学教育などの変遷については、つぎの拙著を参照。寺岡寛『通史・日本経済学―経済民俗学の試み―』（信山社、二〇〇四年）。

ここで再度、先に紹介した学制趣意書に戻っておく。その趣意は個人が学校で「読み」、「書き」、

「計算」などを学び、自らの才能を伸ばして「身を立てる」ことの奨めであった。それは従来のようなサムライたちの空理空論の学問ではなく、社会で身を立てることへと直結した実学を強く意識していた。その後、明治二三［一八九〇］年になり「教育勅語」が発布された。

明治五［一八七二］年の学制趣意書と明治二三［一八九〇］年の教育勅語との間にある時間差は一八年間ほどである。学制発布の翌年には、東京銀座には煉瓦街が誕生し、人びとはそれまでの和紙ではなく洋紙に印刷された新聞を買い求めるようになっていた。それまで横浜にしかなかったガス灯が東京の京橋あたりに八五基整備され、点灯されたのもそのころであった。当時の人たちはガス灯の照らす光景に日本の近代化を見たにちがいない。

輸入に頼っていたマッチも、明治九［一八七六］年ころには東京でも作られ始めていた。学制発布の年に発行され始めた福沢諭吉の『学問のすすめ』もこの年に完結し、総部数は二五万部に達したといわれる。海賊版を除いても当時としては大変なベストセラーであった。学問ブームに火がつけられたのである。

フランス料理店が両国あたりに出来たのは明治一〇［一八七七］年であった。コレラ騒動などもあったが、東京や大阪などには、見える近代化＝西洋化の姿としての洋館も増えた。隅田川の吾妻端と永代橋の間に乗船料一銭で蒸気船の渡しが登場したのはその八年ほどあとであった。

ちなみに、それまで軍人しか被らなかった帽子であったが、東京大学の学生が角帽を被りはじめ、文部省は角帽を正式に帝国大学の制帽——制服はそれより一年ほど早かった——とした。

明治二〇［一八八七］年ころには、行き交う馬車の増加で松や桜が枯れたことで、銀座煉瓦街は柳に植えかえられ、銀座といえば柳という風景になっていた。銀座といえば化粧品の資生堂——わたしの世代では——であるが、資生堂がこの翌年に国産第一号となる練歯磨——陶製容器入りの「福原歯磨石鹸」——を売り出した。高価な値段であった。

また、現在でもしばらく前まで、会社名などで「帝国」という名称がつく企業が多くあったが、「帝国」という名称は、当時いろいろな会社や零細自営業者の小さな事業体にもつけられていた。それほど、起業ブームがあった。

一人一台の携帯電話のいまの時代からすれば隔世の感がある、当時、電話という通信手段は政府や軍隊などほんの一握りの人たちが利用したにすぎなかった。公衆電話は明治三二［一八九九］年の年末ちかくになって、東京は木挽町にあった中央電信局と熱海の温泉浴場との間に設けられた。この年の七月、東海道線が全線開通となり、東京新橋と神戸間が二〇時間ほどで結ばれた。いまでは三時間ほどであるが、当時としては画期的であった。

洋室六〇室をもつ帝国ホテルが完成・開業し、上野公園で開催されていた第三回内国勧業博覧会で、日本で初めて電気モーターによる列車——電車——がわずか三〇〇メートルほどではあったが、レールの上をデモンストレーションとして走った。人びとは煙をはかない汽車に仰天した。明治二三［一八九〇〕年のことであった。この年に、わずか三一五語ほどの教育勅語が発布されたのである。
学制の発布以降一八年間にわたる明治政府の近代化の試みのあと、明治政府が示そうとした学問の意義はいったい何であったのだろうか。ちなみに、教育勅語発布の翌月に、自由民権運動家などが十数年間にわたって求めてきた第一回帝国議会が召集され、大日本帝国憲法が施行された。

参考までに教育勅語に句読点を入れ、すこしばかり現代風に改めて読みやすいように表記してつぎに紹介しておく。

「朕惟《おもう》に我が皇祖皇宗国を肇むること宏遠に徳を樹《た》つること深厚なり、我が臣民克《よ》く忠に克く億兆(*1)心を一にして世々厥《そ》の美を済《な》せるは、我か国体の精華(*2)にして教育の淵源亦実に此に存す。爾《なんじ》臣民父母に孝に兄弟《けいてい》に友に夫婦相和し、朋友相信し恭倹己れを持し、博愛衆に及ほし学を修め業を習ひ、以て知能を啓発し徳器を成就し、進て公益を広め世務を開き、常に国憲を重し、国法に従ひ一旦緩急あれば義勇公に奉し、以て天壌無窮(*3)の皇運を扶翼すへし、是の如きは独り朕か忠良の臣民たるのみならす又以て爾祖先の遺風を顕彰するに足らん。

斯の道は実に我か皇祖皇宗の遺訓にして子孫臣民の倶《とも》に遵守すへき所之を古今の通して謬《あやま》らす之を中外に施して悖《もと》らす朕爾臣民と倶に拳々服膺《ふくよう》(*4)して咸《みな》其徳一にせんことを庶幾《こひねが》う。」

*1　億兆――一般に億や兆の位ほどに限りなく大きな数を示す。ここから転じて、万民、すべての国民のことを指し示す。

＊2　国体――憲法学や国家論では、君主制や共和制など国の主権のあり方を意味し、主権の運用としての政治のかたちである専制政治や立憲政治と区別される。ただし、ここでは、教育勅語の前年に発布された明治憲法に沿って、国体とは万世一系の天皇が統治する国家という意味である。
＊3　天壌無窮――日本書紀神代記一書による天孫降臨の際に、天照大神が皇孫に賜ったという神勅のことであり、ここから転じて永遠性を指す。
＊4　服膺――心にとどめて忘れないこと。

それまでの学制趣意書にあった、個人の立身に直結したような学びの意義と精神ではなく、教育勅語では、国のための学びとそのための立身という方向が打ち出された。また、教育勅語では難しい漢字が羅列された。教育勅語は、行き過ぎた近代化（＝西洋化）と、西欧諸国以上の平等化を推し進めた教育のあり方へ、ある種の急ブレーキをかけるように発布された。そのような印象をわたしは受ける。

学制趣意書が平明なことばと素直な表現によって、学校で学ぶことのきわめて実利的な意味と意義を説いたのとは大きく異なり、教育勅語は、きわめて非日常的で、儒教書に慣れ親しんだかつての士族だけが読めそうな難解な用語で満ちていた。教育勅語は天皇制国家への忠誠とかつての儒教的道徳など忠君愛国主義を復活させることに重点をおいたような教育を強く主張した。教育の根本とは、国民――臣民――に対して日本が天皇制国家であることを自覚させ、儒教道徳を思い起こさせることが優先され、その上ではじめて「学び」を通じて知能を啓発し、なにか国難があれば進んで国のために貢献することを教えることが最重要視されたのである。

教育勅語は、学制の意義、すなわち、教育とは社会における個人の立身であることに留保条件を付けたのである。学制趣意書においては、学校で個人としての「学び」がなければ、「貧乏、破産、喪家の徒」なる可能性が大きく、「但し書」でも従来のように「国家の為に」ではなく、わざわざ個人の「身を立てる」ために学校で「学べ」と説いたにもかかわらず、である。

教育勅語は学校で学ぶことの意義を「実学」だけではなく、むしろ「国家の為」という意識と道徳の確立――内面化――に強く求めた。学制趣意書と教育勅語にある断絶は教育と学校をめぐる単なる技術的なあり方ではなく、日本の近代化そのものの二重性を見事に象徴していた。

人びとは身分制度の撤廃とそれに伴った教育機会獲得の自由度の高まり――実際には、時間を要したが――によって、「学制趣意書＝ホンネ」と「教育勅語＝タテマエ」の二重性のなかで、現実には学校を立身出世の社会的階段への上向（上昇）の第一歩とみなしていくようになる。

立身出世主義は子供向けの童話など――子供を指導する先生向けでもあった――にも登場した。西洋的な近代主義の登場は、たとえば、ドイツのグリム童話の日本的解釈をもたらし、学ぶことによる立身が強調された。

比較文学者の奈倉洋子は『日本の近代化とグリム童話―時代による変化を読み解く―』で、明治二一［一八八八］年の『女学雑誌』に登場した「賢い仕立屋」を取り上げている。

これはグリム兄弟の「勇ましいちびの仕立屋さん」を「題材」として、グリムの原文にはない表現などを入れて、「今日は、家柄ではなく、知恵の力によって出世できる」筋書きとして紹介されたのである。まさに、それは学制趣意書の精神ではないか。

この点について、奈倉は「グリムの原文では、主人公の仕立屋は身体は小さいが、勇ましさと、したたかさをもって世渡りをしていく。身体が小さい弱みを、勇気としたたかさをもってカバーしているのであり、学問をして知恵の力でカバーしようとはしていない。それに対し、この話の主人公は、……学問を心がけ、知恵の力で強者を圧倒していくのである」と原文との違いを説明する。

この日本版『小学校先生のお話「賢い仕立屋」』の結末は、「これは面白くなき話であるけれど仕立屋が少しの知恵があったゆえ出世をしたと申す話です。其他此の類の話はまだ沢山ござる。追々におはなしましょうが、皆人々の勉強して働く事なれば如何なる貴き者にでもなれると云ふことでありますから皆さん精を出して勉強なされ……」となっていた。奈倉はこの顚末をつぎのように解釈する。

「勉強して働けば、どんな高い地位にもつけるという話の結末にも、啓蒙主義思想の影響が見られる。困難な条件下でも、知恵すなわち学問によって立身出世が可能なのだという希望を抱かせるものになっている……この『小学校先生のお話（賢い仕立屋）』には、明治初期の教育で重視された、学問を身につけて身を立てるという精神、西洋に学んだ啓蒙主義の影響が色濃くでている。」

忠君愛国などを強調する教育勅語が登場することで、その後は、数多いグリム童話からも、特に教育勅語の精神に合致するような作品が選ばれ、訓話的な物語として拡大解釈されていくことになる。ところで、なぜ、そうしたグリム童話が『女学雑誌』に紹介されたのであろうか。奇異に感じる人もいるにちがいない。立身出世主義とは暗黙裡に男子を対象にしたものであったからである。掲載されるなら男子が読むべき雑誌であったはずである。

『女学雑誌』に掲載されるべきは、男子を意識した立身出世主義を強調した童話ではなく、むしろ、当時、登場していた立身出世主義の女子版である「良妻賢母主義」ではなかったのか。

理由はいくつかある。そのような男子向け童話掲載雑誌が当時なかったこと、あるいは、『女学雑誌』といえども、その読者が実際には男性に多かったこともあった。もっとも、『女学雑誌』では、男子の「立身出世主義」に対抗して、女子には「良妻賢母主義」(*)も説かれていた。

＊良妻賢母主義――グリム童話との関係では、「小娘と蛙蟇《ひき》」が同時期の『女学雑誌』に掲載された。奈倉は原文での王様が日本版では父となっている点について、「父親が厳しく娘を教え諭すというシチュエイションにしたことにより、家族における家長としての父親の大きな役割がはっきり表現されることになった……何と言ってもこの話の改編の特色は、小児の神が実は母であり、常に子供を育て、子供を守り、子供を教えるという存在にされていることである。母こそが、子供にとっての神のような存在なのだとすることの考え方には、子供を教育するには賢い母の存在が不可欠であるとする点で、良い妻、賢い母の役割を女性に求める良妻賢母思想が濃厚に示され……彼らがみた十九世紀後半の欧米社会においては、

近代的な性別役割分業に基づく家族が形成されていて、そこでは、外で働く夫を家庭で妻が支え、家庭は妻が責任を持って切り盛りしていた。そして、子供の家庭教育は母親の重要な役割だったのである」と説く。奈倉洋子『日本の近代化とグリム童話―時代による変化を読み解く―』(世界思想社、二〇〇五年)。日本での女子教育は、明治二八[一八九五]年の「高等女学校規定」、明治三二[一八九九]年の「高等女学校令」で制度化されていった。当時の中学校は男子のみで、これに対応する中等教育機関として高等女学校が設けられた。カリキュラムをみると、中学校と比べ数学、理科、外国語の授業時間数は半分程度であり、修身、国語、裁縫などに力点が置かれ、良妻賢母主義が内面化されていった。

同誌は明治一八[一八八五]年に創刊され、これから女子教育などに携わろうとする人たちを対象に発行された。実際のところ、外国文学の翻訳出版の場となり、ここから多くの日本の文学者たちが育っていったのである。『女学雑誌』とはいえ、それは教育を意識した文学雑誌であった。

いずれにせよ。立身出世主義は日本だけではなく、多くの国が近代化の過程のなかで経験してきたことである。近代化がそれまでの固定された身分制やそうした社会階層の固定化につながった道徳観から人々を解き放ち、私利を追求することを促したとき、学校がそうした世界から隔離され無菌化されるはずもなかった。

学校はむしろ立身のための手段となっていった。そして、「私利」とくれば「私欲」がくるように、私利私欲に制限を与える装置としての制度――法律――もまた、近代化の中に生み出されてくるのである。

社窓から国窓へ

学制趣意書は、人びとが私利私欲的立身のために学ぶという精神を個人に解放した。だが、他方で個人の限りない私利私欲の発露に合理的な制限を加えるという装置の整備が遅れた。明治日本にとって、その装置は教育勅語であった。教育勅語にある天皇制的秩序とかつての社会調和的道徳の復活が、私利私欲的立身の抑制装置であった。

歴史学者の小路田泰直は「日本の組成―加藤典洋の近業に触れながら―」で、明治以降の近代市民社会――私利私欲の解放社会――としての日本の歩みをつぎのように指摘する（小路田泰直編『戦後的知と「私利私欲」―加藤典洋的問いをめぐって―』所収）。

「人は、人の私利私欲を容認し、それを基礎に社会を築き上げようとする志向性を強めれば強めるほど、必ずといっていいほど、他方で、個々人の理性に代わる『独裁』的な理性の担い手を、『国民』の『外部』に求め続けてきました。近代の最大の創造物である『主権』というもの――それが君主主権であれ国民主権であれ――がそれです。その外部化された理性の担い手が、……福沢の場合も『天皇』でした。……頭のてっぺんからつま先まで人間が、その私利私欲の延長線上に他者とつながり公共性を立ち上げようとすれば、自らの私利私欲（限界）を自覚し、絶対的に理性的な他者への帰依をむしろ積極的に受け入れることによってしか、それは行いえないという逆説と関わっています。」

小路田のいう逆説とは、近代合理性の追求がむしろ近代化の速度調整装置としての封建的非合理性——むろん近代社会にとって——の復活をもたらしたことを意味する。それは日本にとっての天皇制とその枠組みのなかでの儒教道徳ではなかったのかというのである。

近代的合理性に等値された私利私欲の経済活動は、多くの国においては近代的市場主義のルールである反独占的な市場規則——独占禁止法など——によって掣肘された。つまり、私利私欲とは公利公欲に合致する範囲において認められることになった。

しかしながら、日本など後発国における、追いつき型の性急な近代化志向——いわゆるキャッチアップ型資本主義——は、世界の帝国主義的秩序観のなかでそうした「私利」に対抗する「公利」の醸成をまつ時間的余裕などはなかったともいえる。

小路田は、「『独裁』が存在する事実を忘れて、人の私利私欲から無媒介に公共性を導き出そうとすれば、それは一種のユートピアを立ち上げてしまうことになる……なぜ人は主権（暴力）によって『外部』から統合された国家と名のつく共同体に、アイデンティティーを持たなくてはならないのか」と問題を提起する。

日本において、私益と公益との関係はそもそも天皇制＝立憲君主制＝主権制度というかたちで、明治以降において成立していったものである。この問いかけは、すでに半世紀以上経過した戦後社会での教育観と私利私欲との関係のあり方、さらには戦後的公利公益観の在り処をするどく衝いている。

先にもみたように、教育の意義は、学制趣意書においては、社会での立身との関係で説かれ、その本質は「学にあらざれば能わず」であった。でなければ「貧乏・破産・喪家」の憂き目にあうのである。「学び」を止めることはある種の脅迫概念であった。

そうした意識はやがて、学窓（＝学校）を巣立った後の社窓（＝社会）観を形成させていった。同じ学窓で学んだという同窓意識は、ときに互いに励まし合う仲間意識となり、ときには同窓であるゆえの競争意識という二重性のなかで展開していくことになる。

ここで、「社窓」ということばを使った。これはわたしの造語である。人の学びにおいては「学校」という場ではなく、それ以降の長い時空である社会という「もうひとつの学校」で同じように学んだという意識もまた重要なのではないだろうか。このことを意識した造語である。

「学校」だけの短い期間だけで人びとの学びは終了するのではなく、人びとは現実には社会というその後の「長期にわたる学校」で学び続けることになるのである。わたしが社会ではなく、「社窓」ということばを使ったのはその意味においてである。

明治政府は教育の重要性を説き、日本の近代化に果たすべき学校の必要性を強調した。しかしながら、現実には学校という正式な教育機関で学ぶことのできた人たちはほんの一部であった。多くの人たちは、日本の近代化のなかで、近代化の象徴的空間装置であった都会という「社窓」に出て立身出世を求めたのである。だが、他方、都会で夢破れた人たちも多かった。

日本の近代化につねに付きまとった二重性は、近代化を象徴した都会で林立しはじめたビル群とスラム住宅の姿にも象徴された。前者は国威掲揚のための西洋建築群――そのなかに学校の建物も含まれた――が立ち並んだ地域であった。後者は、当時、細民地区といわれたスラム地域であった。学校で学ぶことできなかった多くの人にとって、社会こそが生き抜くための知恵を学ぶ「実際の学校」――street learning――であったにちがいない。

明治維新の混乱期から五年ばかりのちに発表された学制趣意書は「貧乏・破産・喪家」に陥らないために「産を治めその業を昌《さかん》にする」ことの重要性を説き、そのための場としての学校制度の必要性を強調した。だが、その一八年後の教育勅語は忠君愛国主義という道徳を習得する場としての学校を強調し、「学び」の本質を道徳に求めた。

だが、わが国での元祖潜入ルポライターともいえる松原岩五郎（一八六六～一九三五）が『最暗黒の東京』（明治二六［一八九三］年刊）で描いた東京の姿、あるいは、政府の産業調査に深く関わった横山源之助（一八七一～一九一五）が『日本の下層社会』（明治三二［一八九九］年刊）で書き記した下層社会の厳しい現実の姿、それらから見えてくるのは、明治期の近代化の山高ければ、その谷もまた深いという姿であった。

日本の近代化の成果には、いまに至るまでそのような二重性が刻印されてきた。(*) 評論家の紀田順一郎は『東京の下層社会』で、松原や横山らのルポルタージュだけではなく、当時の報告書などを参考に、東京や大阪といった「近代的」大都市の下層にあった人びとの生活実態の紹介を通して、日本の近代化のもつ二重性を鋭く描き出している。

＊たとえば、世界的な規模へと達した大企業群と、他方における下請零細企業群の広範な存在などはそれを象徴してきた。この点についてはつぎの拙著を参照。寺岡寛『日本型中小企業―試練と再定義の時代―』（信山社、一九九八年）、同『中小企業の社会学―もうひとつの日本社会論―』（信山社、二〇〇二年）。

紀田はその「あとがき」で「駆け足の近代化と富国強兵を国是とする日本の近代は、必然的に社会経済的な弱者――極貧階層――を生み出したが、軍事優先の国家予算は本来の意味での福祉予算が実現される余地もなく、弱者はつねに切り捨てられる運命にあった、というのが研究者の定説である」と述べた上で、現実に極貧階層の救済に乗り出したのは外国宣教師などの教会関係者や団体であったと指摘する。紀田はその背景についてつぎのように分析する。

「予算の制約だけが低福祉の原因とは思えない。そこには貧困に対する社会的認識の未熟さ、前時代的な人間観の歪みが反省しているのではないだろうか。……（現在でも―引用者注）技術的な欠陥以前に弱者を社会的に救済すべきであるという近代的な観念の著しい不足を窺わせる……。もとより軽負担・高福祉の実現は容易なことではないが、それを通り越してモラルを強調するところに、日本的体質を見る思いがする。……近代化の陰に置き忘れられた人々の問題はあまりにも多岐にわたる……。」

同じ国に生活するということ、つまり、「国窓」を通して、わたしたちの近代化という姿の二重性が、紀田の描いた近代日本の成立の現場から見えてくるのである。

紀田は、わたしたちの日本社会の遺伝的体質をえぐり出している。そして、日本では、「身を立てる」ことはあくまでも個人的範囲の行為であり、その成功も失敗も個人的範囲の問題であり、社会が関与すべき問題ではないとする日本の体質——社会的規範——を問題視した。

日本の近代化は、本来なら社会に内包されるべき近代思想としての福祉思想を掘り起こしたのではなく、むしろそれを放り投げ、福祉思想の拡張ではなく、それを抑制させた、紀田は怒りをこめて、そのような現状を厳しく批判している。

ところで、「国窓」もまたわたしの造語である。人は「同窓」での学びを経て、「社窓」での生活を通して社会のあり方を学び、そして「国窓」、つまり国という共通の窓を通じて、他国を眺め、自分の国のかたちを感じるのである。わたしたちの国のかたちとあり方がどのようなものであるかを学ぶのである。そのような意味を、わたしは「国窓」という言葉に託している。

思想史家の長山靖生は、先に紹介した『東京の下層社会』に寄せた解説文で、「どうしたら金持ちになれるだろうかと頭を捻る者は多いが、貧困の原因を真面目に追求した人間は意外と少ない。……切実に貧困について思い悩んでいる当事者は、自らの苦境を記述したリ分析したりするゆとりを持ち合わせていないのが普通だったし、知識人を含む多くの富裕な（といえないまでも貧困ではない）存在にとって、貧困は、ただ忌わしく怖ろしいものであり、なるべくなら遠ざけておきたい災難のようなものにすぎなかった」と述べる。長山は日本の近代化なるものをつぎのように紹介する。

「日本社会は近代以降、戦前も戦後も一貫して進歩・向上・拡張に邁進し続け、行政による福祉の立ち遅れはもちろんのこと統計さえも不十分である……思うに貧困の問題は、そのまま差別の問題であり、他者への想像力の欠如の問題なのではないだろうか。……（貧困が―引用者注）現に目に映っていても、それを見据えるのを拒むような精神が、近代的思考のなかにはあるのではないか。明治の精神は、たしかに偉大な何ものかを作り上げる機能を果たしたが、それは同時に、何か痛ましい欠落を、近代人の思考のなかに刻印したのではあるまいか。」

学窓を経て、人びとは社窓での職業や毎日の生活のなかで、あるいはそれらを通して多くのことを学び、そうした人びとは国という窓を通して他国を知りみずからの社会を感じる。

学制趣意書が指摘したように、学びは重要である。それは身を立てる手段であり、だれしも立身出世という成功を志向する。だが、社窓では多くの失敗者も生まれる。多くの失敗者が生まれるだけの社窓から成る国窓とはどのようなものであろうか。

どうしたら人は成功するかを考えても、失敗の原因を真剣に考える人は少ないのかもしれない。わたしたちの国はどのような立身出世像を描き、わたしたちの社会はどのような立身出世観を作り出してきたのであろうか。

また、どのような立身出世像が学校教育を通じて立身出世主義として再生産されてきたのだろうか。あるいは、いまも再生産されているのだろうか。わたしはそうしたことを知りたくなった。

同窓会学の試み

韓国人社会学者の黄順姫は『同窓会の社会学―学校的身体文化・信頼・ネットワーク―』で、同窓会という組織とそのあり方がきわめて日本的であると意識して、日本社会における同窓会を「記憶の共同体的再生装置」であるととらえる。

黄は、同窓会とは過去を振り返るだけのノスタルジアの過去志向的記憶装置ではなく、むしろ「未来に開かれた過去の学校」のゆえに人の記憶のなかで再生産されると、つぎのように指摘する。

「学校教育とは、単に学校に在学する期間に限られるものではない。生徒および教師が学校生活のなかで創出し、共有し、体得している学校文化は、彼らの身体に刻み込まれ、現在と未来に影響を及ぼし続けるのである。過去への回顧を通して学校は新たに再生され、再構築され、ふたたび身体文化される。同級生の過去の学校は、彼らの現在の学校であり、未来に開かれた学校である。」

黄はこうした同窓会を「信頼に基づく同窓ネットワーク」と規定し、社会的心理領域における独立した資本概念――社会資本――ととらえる。すなわち、「同窓生たちにおいて信頼資本は、『安心資本』、『信用資本』である。同窓生ネットワークにおいて信頼は、自分を詳しく説明しなくても理解してもらい、秘密を共有し、家族や親族ないし仕事における後ろめたい事柄さえも受け止めてくれる関係性の安心資本として存在する。また、信頼資本は、各資本間に媒介として機能し、資本の転換が行われる。」

同窓会組織は、信頼資本として他者との関係性が再生産される場として位置づけられる。この関係性の本質は同じ学校で学んだという「集合的記憶」の共有制にある。

そうした同窓会に寄せる思いやある種の実利的な利用頻度は年齢層によって異なる。黄は博多の名門県立高校の同窓会を長年にわたって観察した結果として、「学年同窓会は、ライフサイクルでみると、就職や結婚を経て転勤も少なく課長、部長等の中間管理職につき生活が安定した四〇代から組織される場合が多い。それは五〇代、六〇代では彼らを心理的に強く結束させていく。とくに六〇代では、退職者が出はじめるのでこの結束が一層強まる」と指摘する。黄は同窓会組織のもつ「社会的資本」をつぎの四つに類型化する。

正当型——「在学中でも、社会的資本が多く蓄積している類型」。

縮小型——「在学時代は社会的資本が多かったが、同窓会ではその資本を蓄積することができず、縮小していく類型」。

貧困型——「在学時代から社会的資本が少なく、卒業して同窓生になっても社会的資本を蓄積することができない類型」。

拡大型――「在学時代は社会的資本が少なかったが、同窓生になってから社会的資本を多く蓄積する類型」。

一般に、同窓会や同年次同窓会の役員を務める人たちは、在学中に生徒会役員やクラブ活動のキャプテンなど中心的人物であったケースが多い。彼らや彼女らは正当型に属する。黄のケーススタディーの調査対象となった同窓会の役員など幹部の社会的地位をみると、学生時代から目立った存在であった正当型の人たちに加え、学生時代にさほど知られていなくても、社窓において高い地位にあるといってよい医者、弁護士、経営者、会社の役員、大学教授、政治家などが顔を並べている。

このことを逆説的にとらえれば、学生時代において目立った存在であったにもかかわらず、社窓において社会的序列で低位にあると本人が認識し、そのように周りが見ていると自覚している人たちは縮小型に属する。そのような人たちは同窓会から遠ざかる傾向にある。

その点、主婦で拡大型に属する人たちは、同窓会の役員を務め、あるいは活発に参加することで、趣味などの遊びや医療サービスなどで同窓会ネットワークをちゃっかり活用している。一般の人たちには敷居の高い医者や芸術家などでも、同窓会で顔を合わせていれば、電話一本で連絡することができる。また、同窓生から紹介してもらうことも容易となる。

他方、黄は縮小型に属する人たちについて、彼女のインタビュー調査の結果――インタビュー内容――をつぎのように紹介する。

「学校時代に……華々しく活躍した人たちがいますね。すこしちやほやされていたというか、周りもその人も、それを知っていたわけですよ。それから卒業して同窓生になって、あるときにリストラされ、その後事業をおこして失敗し、離婚もしたんですよ。そしたら、学生時代のイメージが強くて、現在とのギャップが大きくて、同窓会に顔をだせなくなったんです。……きわめて少人数の親しい友達とゴルフをしたりはするんですけど、自ら同窓会の集まりから身を引いてしまいますね。それから同期会や、全体の同窓会など一切関係ない、と生きていますね。周りの人間は気にしないのに。輝いた在学時代を引きずっているからこそ、その後の人生に同窓生の友達をそれ以上作れないんです。」

たしかに、同窓会に集まる人たちの顔ぶれには、社窓での立身出世序列観が色濃く反映されている。わたしも同窓会の事務局長として、恩師の退職や古希の会などで、恩師がぜひとも会いたいという人たちに連絡する際にはずいぶんと気を使ったものである。同窓会の役員を務めた人たちにとって、黄の指摘はある種の暗黙知であろう。

同窓会の役員や、あるいは役員でなくともそれなりに参加している人たちにとって、こうした四つの類型の妥当性は十分に納得のいくものである。

同窓会に反映されているそのような社窓という社会のあり方を知るには、同窓会の観察はきわめて有効な手段である。黄は同窓会組織がきわめて日本的であるというが、どこの国であろうと、学校がある限り、同窓会組織はあるものである。その組織特性が国によって異なるのである。わたしはそのように考えている。

同窓会メンバーへのインタビュー調査などを通じて、同窓会組織とはそれぞれの国における社会構造を分析するための重要なデータ源となりうる。それは、同窓生たちが暗黙知的に共有する信頼性ゆえに、その社会への関わり方——意識——などがわかってくるきわめて正確な個別データとなる。観察者もまたその同窓会に属している場合はなおさらである。

わたし自身は、社窓を知る上で、同窓会が非常に有効で正確なデータベースを提供してくれるのではないかという点で、「同窓会学」なるものを考え始めた。直接のきっかけは、学問的というよりも偶然的であった。

わたしが卒業した工学部研究室の恩師の大学退職に際して、退職記念の会を開催することになった。従来から同窓会そのものは組織されていたが、それはかたちとしてはあっても、不活性化——事実上の休会状態——していた。そこで、研究室単位——学部・大学院——の縦・横の関係の同窓会を再組織することになり、全く思いもかけず、わたしがその事務の責任者となった。

学生時代からもっとも仲がよく、その後もある程度の付き合いがあった同級生の一人に声をかけ、十分に更新していなかった卒業生たちの住所録を彼と一緒に更新することから始めた。卒業生のデータベース——住所、大学・大学院時代の専攻、現在の勤め先と地位など——を整理することになった。

過去のデータと更新してみたデータを比べてみると、更新されたデータベースには、同窓から社窓へと移った同窓生たちの軌跡が見事に描かれていた。大学や大学院を巣立ったばかりの二〇歳代から、三〇歳代、四〇歳代、五〇歳代、そしてかなりの人たちが定年を迎えていた六〇歳代の生きたデータがそこにあった。

それらは、日本経済や日本産業の歩みがまるで個々人に刻印されているようであった。わたしはそのように強く感じたのである。それは、社会統計学などでよく使われてきた年齢コホート分析の結果といってよかった。(*)

＊コホート（cohort）——統計学では、同種の性格——同種の統計因子——をもった集団を指す。特に、同一年代層集団がよく使われる。

ちなみに、工学部のあとで、経済学部に入り直し、両学部を卒業したわたしは、経済学部のゼミナール同窓会の事務局も引き受けていたので、工学部の同窓生たちのデータベースと経済学部の同窓生たちのデータベースも比較できた。この二つの同窓会のデータベースを作っているうちに、企業に入ってからの文系と理工系のキャリアパスがどのように異なっていくのかにも関心をもった。

同窓会の事務局長として、先に述べたように恩師の還暦や古稀など、あるいは、叙勲のお祝いなどに同窓生を短期間に多数集めることの苦労を思い知った。このことから、ある程度の頻度でニュースレターなどを発行することで同窓会ネットワークの維持をはかっておく必要を感じたのである。

ニュースレターも単に学生時代の昔話など過去志向的な内容だけではなく、同窓生のいまを伝える現代志向的、あるいはこれから何をしようとしているかなど未来志向的な内容をも伝えることで、商業出版物とはまた違った読み物として受け入れられることが重要である。このことも知った。

同窓会役員やわたしが、同窓の先輩たちや後輩たちへの「取材」——直接会えない場合は電話取材——もよくやって記事を書いたこともあった。あるいは、恩師を囲んで特定テーマ——たとえば、企業での研究開発テーマと大学での研究との関連性など——についての座談会を行い、その記録をニュースレターに反映させたこともあった。

その際、記念誌やニュースレターの発行——同窓会というのは便利であり、同窓生のなかには印刷や編集のプロがいるものである——の打ち合わせで、それまで名前しか知らなかった先輩たちや後輩たちと親しく接することもできた。

こうした経験を通じて、同じ学校で学んだ共通性を軸にその学窓を巣立ったあとの社窓についても、個人史という文脈で社会史を展開できないかと、わたしは考えるようになっていった。

わたしの場合、社会史といっても、その関心の中心は中小企業の社会史にあった。とりわけ、当時、取り組んでいた研究開発型の中小企業の社会史を考える上で、工学部系同窓会は大事な社窓でもあった。ある種、無味乾燥な研究開発政策史とは、ひと味もふた味も異なった姿が、中小企業の研究開発社会史から浮かび上がる。そのためには、まず、中小企業での現実の研究開発体制とその担い手の実態を正確に知ることが重要となる。

大学で工学——化学——を専攻したとはいえ、その後、わたしは経済学や経営学に転じた。工学分野のそのようなフィールド調査を進めるには、工学関係者との信頼関係の構築が重要であるが、それには途方もない時間を費消しなければならないのである。

しかしながら、黄のいうように、同窓会という信頼を基礎にした社会的資本の活用によって——わたしの場合は工学部卒——、技術者である先輩はもちろん、後輩たちへも連なるのである。大企業はじめ中小企業などの研究開発実態についての現状や体制、あるいは、その担い手の社会的出自などについても、同窓会ネットワークを通じて知見を深めることができるようになった。

そこには同窓ということで知りうることのできた個人的な情報もずいぶんとある。当然ながら、信頼の維持のために直接文章やデータ化できない制約もある。それらのケースを統合して、中小企業などの研究開発や技術開発などの現実の姿やその傾向を知ることが重要であって、個別事例の紹介には禁欲的でなければならない。

同窓会ネットワークを通じて見えてくるさまざまな領域や分野の社会史、あるいは社会学的分析は通り一遍の社会学での一般論を補う上で重要な役割を果たしうる。この意味で、黄のいう同窓会そのものを対象とした社会学が存立しうる。

だが、同時に、わたしは応用社会学、あるいは経済社会学としての「同窓会学」があってもよいと考えている。同窓会学を通して社会実態をより正確に深く、バランスよく分析する分野も存立しうるのではないかと思っている。

わたしも年に数回ほどはいろいろな同窓会に関係している。それらはわたしの出身校――とりわけ、高校や大学など――の同窓会、あるいは、わたしのゼミナールを巣立っていった卒業生たちの同窓会などである。

同窓会とは、社窓でのさまざまな分野で働く人たちのさまざまな経験を観察しうる場であり、それぞれの時代の社会のあり様、社会的価値観などを映し出す鏡のようなものであるまいか。

そこで垣間見られる社会的価値観とは、わたしたちの生きる社会のある種の序列観に密接に関連したものでもある。神戸に住むエッセイストの木下八世子は、還暦世代の高校同窓会にモチーフをとった小説『還暦同窓会―橋を渡った日―』で、「名簿には名前は見られるが、欠席の人も大勢いる。同窓会などに興味のない人、何らかの事情で参加したくない人、参加したくてもできない人……。いろいろな人たちの思いを秘めて、その同窓会は始まろうとしていた」と、その人間模様を描き出した。

木下は、久しぶりに開催された高校時代の同窓会に出席した何人かの主人公たちを通して、欠席した――出席できなかった、あるいは出席しなかった――人たちの姿を追い求め、ストーリーを展開させる。そこには、黄のいう同窓と社窓のギャップが大きすぎて参加したくない縮小型の人たち、逆に拡大型の人たちも描かれている。

学生時代はマドンナ的存在でいまは主婦の主人公の照代は久しぶりに同窓会に参加した。彼女と同窓会の役員を務める静子との間で、受付で出欠名簿を整理しながらつぎのような会話が交わされる。

＊　＊　＊

照代「校長?」。
静子「どこかの中学の校長先生だったそうよ。わたしたちの学年は、なぜか、学校の先生になった人が多いの。小学校から大学まで、先生がそろっているそうよ。」
知人「校長や教頭までいった人はいいけど、そうでない人は同窓会にはきにくいでしょうね。」
照代「そんなこと、気にする必要もないし、まわりも、とやかく言うのはよくないと思う。」

＊　＊　＊

木下は、そうした同級生同士の会話のあとで、つぎのように筆を進めている。「照代の言葉は正しい。だがやはり、同窓会に来るのは、人生の勝ち組が多いだろう。かつての自分のように、事情があって誰にも顔を合わせたくない人もいるはずだ。また、出席したくても、会費や交通費さえままならぬ人もいるかもしれない」と。

そうであれば、同窓会に出てくる人たちだけではなく、むしろ同窓会に出てこない人たちの姿こそが、わたしたちの社会の現実や時代を映し出す鏡であるかもしれない。それを知ることのできるのは大勢が集う同窓会という賑やかな空間ではなく、自らそうした同窓生を訪ねることである。

翻訳家の小西章子はそれを実行したうちの一人であったといってよい。ただし、場所は米国、同窓はボストン大学である。

小西は一九六〇年代、米国東部の名門大学で学び、卒業後も連絡を取り合っていた同窓生六人を一五年ぶりに訪問した。彼女は同級生たちの学生時代とその後の社窓生活での個人史を通じて、米国社会の変化そのものを『遥かなるボストン―一五年目のクラスメート―』でみごとに描き出した。

当時、学費が高かった東部の大学で黒人医師の娘とはいえ、苦学生として学び、卒業後はカリフォルニア州でフリーカメラマンをしているキャロル。ボストン大学の近くにあったマサチューセッツ工科大学（ＭＩＴ）の秀才学生と卒業後すぐに結婚して、いまは六人の子供の育児に明け暮れる肝っ玉母さんとなったシンディ。

ニューヨークの会社社長の一人娘で、学生時代は美人学生で名を馳せ、学生結婚してからもいろいろとあって、いまは夫婦で不動産会社を営むメリリン。小西と同様にスペイン語を専攻し、同じ頃にスペインのマドリッド大学に留学し、その後、スペイン人神父とローマ法王からの許可を得て結婚し、中学教師となったリリー。

ニューヨークの裕福な家庭に生まれ、ＭＩＴの卒業生で自分で事業を興し大成功を収めた高校時代からの同級生と結婚し、裕福な専業主婦となったダイアナ。大学で哲学を専攻し、アメリカインディアン文化に興味をもち、卒業後はインディアンの地位向上に取り組んだものの、大きな挫折を味わい、いまは会社で秘書をしながら若いころ専攻したインディアン文化研究に大学院で再び取り組むことを準備しているジャニス。

小西が訪れた六人の同窓生のうち、半数は離婚を経験している。すでに再婚した人、結婚というかたちにこだわっていない人、絵に描いたような豊かな生活を送っている人、異なる人種間の結婚が破れ大きな心の痛手を負った人など、さまざまである。

そこには一九七〇年代の米国社会の変化の具体的光景が、小西のもっとも仲の良かった同窓生たち――だからこそ、小西の久々の再会を受け入れてくれたに相違ない――の個人史に反映して描き出されている。小西は全米各地に散らばった六人の同窓生を訪ねた旅行の結論を湿っぽく感傷的に終えてはいない。

彼女は「時は偉大な作家であった」という終章で、「限られた人生に一体何を望むか――、我々の誰しもが熱っぽく考え議論した青春時代、それから三十年もたてば結果も表われ、先も見え、一応結論らしいものも浮かぶかもしれないが、一五年ではまだそれには早い。しかし、……この一五年の歳月は、アメリカの友だち一人一人の生きざまを、もう浮かび上がらせていまいか」と述べる。そして、この同窓生訪問をつぎのように結んだ。

「私の六人の友たちは、……楽しく満ち足りた日々を送る人達ばかりではなかった。若気の至りを後悔する友も、ままならぬ世の中に涙する友もいた。しかしいずれもが、自分に忠実に、誰のでもない自分の人生を歩もうと、何らかの努力をしていることに、私はある種の感動を覚えた。親や社会から強制された消極的な人生でなしに、自分の意思で切り開き、幸せをつかみ取ろうとする人生。職業も結婚相手も生き方も、総て自分で結婚する彼女等は、これが裏目に出た場合の損失も大きい。……これも生の手応え、自分の人生の一つの勲章、とはいえまいか。……三振を恐れず大きく振ったバットからしか、ホームランは生まれない。……また、一五年後に、この六人の家庭を訪ねてみよう……『時は偉大な作家である』という言葉が思い出された。」

わたしは、小西の「時は偉大な作家である」という指摘から、ロシアの詩人アレクサンドラ・プーシキン（一七九九～一八三七）の「わたしにとって、社会は偉大な学校であった」ということばを思い出した。小西の六人の同窓生たちは社会という学校で、学校で習った以上の多くのことを学んだのである。

他方、米国のジャーナリストで社会歴史学者のローレン・ケスラーは『当時から』（邦訳『アメリカの四〇代―希望は実現されたか―』）で、ベトナム戦争下の学生運動に関わった人たちのその後を追った。ケスラーは全米を旅して彼らや彼女らへ行ったインタビューの記録を、愛情あふれる筆致でまとめている。

彼らは同じ時期の大学生であったといっても、学んだ大学は異なる。共通しているのは学生運動などの同時期的な体験――その多くは挫折――という同窓意識であり、ケスラーもまた小西と同様にそのような同窓意識を、「時は偉大な作家」であるという文脈で見事に描き出している。

ケスラーは「まえがき」で「この本は、六〇年代に貴重な経験を得て、その教訓をみずからの生活のなかに取り込んできた人々についての本である。……六〇年代の生き残りたちは、いまも社会変革のために働いている。……この本のなかでは、さまざまな人々が語っている。……そういう人を探し出した。そして彼らに電話をかけた。見も知らぬ者からの電話にたいして、彼らはじつに率直に応じてくれた」と記し、同じ社会の時代的背景を持ち社窓を生きた四〇人の証言を紹介し、その共通の生き方の内実を探った。

これら四〇人の米国人に共通する社会層的特質は、六〇年代に大学で学んだ中産階級家庭の出身者、いわゆる「ウッドストック(＊)」世代である。ケスラーは、インタビューで接した彼らのその後について、「〈ウッドストック世代〉の人々は金銭的にとくに収入がいいとはいえない。あるいは競争が激しくない職業を選んでおり、製造業よりも人間奉仕に関連した分野で働く傾向が強いことがわかった……ここには企業の重役や中間管理職は登場しないし、銀行家も株式仲買人も金融プランナーもいない。たった一人、ビジネスの世界に身を置いている人がいるだけである（環境に配慮した土地開発業者）。登場人物の半分は、公務員、法律家、医師、教師などを含む、人間奉仕的な職業に就いている。あとの半分は、芸術、政治、メディアの世界に散っている」と総括する。

＊ウッドストック――米国ニューヨーク郊外のウッドストックで一九六九年八月一五日～一七日の三日間

にわたって開催されたロック祭に集った若者たち——約三〇万人といわれる——の総称である。ジミー・ヘンドリックスなどのグループが演奏を行った。彼らは当時、泥沼化していたベトナム戦争や白人と黒人との人種対立への抗議をロック音楽に託していた。

もちろん、インタビューの数を全米各地に拡大させれば、職業的なバラツキはもっとでてくるであろうが、ケスラーが示唆するのはウッドストック世代のメンタリティーとその後彼らが米国社会などに与えた影響の広がりと深度にある。

ケスラーは、この世代は従来のエリート主義に対しては人間平等主義、人種・性差別主義に対しては人種・男女平等主義、均一性に対しては個別性、白人的価値に対しては多文化・多人種的価値、「大きいことは良いことだ」に対しては「小さいことは美しい」、傍観主義に対しては参加主義、というように対抗文化（カウンターカルチャー）(*)の実践を、さまざまな分野でかつての若者時代のような性急さではなく、じっくりと実行してきたのではないかとみている。

＊カウンターカルチャー（counter-culture）——対抗文化や反体制文化と訳される。現在の支配的体制や大人中心の文化などに対抗する若者たちが、反発・反抗して作り出す文化の総称である。一九六〇年代のベトナム戦争への徴兵という、若者たちにとって生死を分けた直接的な時代的背景のほかに、当時の高度管理的社会に対抗した側面もあった。

ところで、同窓会とはケスラーのいう対抗文化を生み出す場であるとは限らない。だが、それは企業や役所などの職場組織とは異なり、世代間の社会への認識などの異なりを直接的に知ることのできる社会の「学校」であることはいうまでもない。

ここらあたりで、わたしが考えてきた「同窓会」学の何たるかに戻っておく。

同窓会学とは、社会におけるさまざまな組織の帰属性とそこに内在する暗黙知的な社会的序列から離れて、それぞれの時期に同じ学校、同じクラス、同じゼミナールなどで学んだという共通体験をもった人たちの時代、地域、年齢などを超えて繰り広げられる人間関係への観察学のことである。

この応用分野は限りなく存在する。政治意識を中心に同窓会学を構成するならば、それは政治社会学になるだろう。経済意識を中心に同窓会学を構成するならば、それは経済社会学となるだろう。経営学を中心に同窓会学を構成するならば、それは経営社会学となるだろう。わたし自身は、本書で同窓会学の応用分野としての経済社会学を展開しようとしている。

ところで、こうした同窓会の世話役や幹事などボランティアを選ぶのにも、立身出世主義が色濃く反映しているとすればどうだろうか。現実には、世話役のみならず、開会の挨拶から乾杯の発声、閉会の挨拶まで、そのような立身出世的序列ムードが支配しているものである。これは不幸なことかもしれない。

しかし、出世頭の人たちもやがて退職し、その肩書きも遅かれ早かれなくなってしまうのである。同窓会では、そうした序列に関わりなく、学生時代に戻って広く深くいろいろな人たちと交流することで、わたしたちが普段属している地域や職域を超えてこそ、わたしたちの社会のあり方もより豊かになるかもしれない。同窓会がそのような社会の実現に取り組むきっかけとなる可能性だってあるのである。

同窓会をめぐる人間観察は当然、わたしたちの研究の対象になりうるのである。そこには企業中心社会とも、あるいは地域社会とも異なった組織論理と人間関係を形成することが可能なのかどうか。そのような社会的な実験の場として、同窓会が活用されてもよいのである。(*)

＊わたし自身は、一〇年間にわたって、同窓会の事務をやっているなかで、さまざまな試みをやってみた。同窓という考え方を拡大させて、同窓生がその知人や友人を同窓会に招待してもよいというやり方も実施してみた。誰でも来たくなるような同窓会ということで、その時々の重要なテーマを選び、シンポジウムを開催したこともあった。同窓生の個人的ネットワークはさらに他のネットワークへと連動し、普通ではなかなか呼べない研究者なども講演者やパネラーとして呼ぶことができた。他方、そのような拡大型同窓会に反発を覚え、同窓会とは「内輪の会」であることにこだわりをみせる人たちもいた。いずれにせよ、同窓会は企業組織とも、地域組織とも、政治組織とも異なるものであり、いろいろなネットワーク的試みの実験の場として興味ある場である。

第二章 「立身」の経済社会学

日本社会と立身主義

日本社会において「学ぶ」とは「身を立てる」ためであり、立身の精神は日本の近代化のなかで社会に深く刻印されてきた。日本の近代主義は、欧米諸国以上にそれまでの身分制社会のあり方を否定し、立身出世に平等主義を持ち込んだ。身を立てる先には出世があり、その手段としての学歴獲得と立身出世主義とは深く関わって人びとの心と頭に刻まれていった。

社会的階級といった出自などに基づいた身分制的な選抜原理の衰退は、同時にそれまでの権威主義的な社会構成原理をも変えていった。他方、旧階層からの継承性までは完全に否定されるわけはなく、何らかのかたちで新たな社会選抜機構へとつながっていった側面もある。

要するに、教育への投資負担能力の点で、すべての人たちが新たにスタートした学校制度の下で平等権を手にしたわけではない。教育という入口の平等は保証されても、それにたどり着く——入学——行程までの平等性がすべての人に整備されたわけではなかったからだ。とはいえ、やがて時間の経過とともに、日本でも初等教育の義務化などが進んでいった。

では、いまの日本社会において学歴と立身出世とはどのような関連性をもっているのだろうか。社会学者の盛山和夫らは「現代日本の階層構造とその趨勢」で、学歴面からみた日本社会における社会移動の現実を追ってきた（原純輔・盛山和夫編『社会階層—豊かさの中の不平等—』所収）。社会的序列で上層と思われる職業層などへの移動は、純粋にそれが学歴媒介の結果なのか、あるいはその他の要因に起因するのかを探っている。そして、盛山らは留保条件つきでいくつかの結論を引き出している。

もちろん、初等教育から中等教育、さらには高等教育と整備されていくに従って、学歴依存の立身出世主義のあり方も変化していった。どの国の歴史でもそうだが、高等教育機関への進学率が極端に低い初期においては、その恩恵を享受する人たちが生み出されても、やがて多くの人たちの全般的学歴向上によって、学歴と立身出世という現実的差異は大きくなっていく。その傾向は日本社会においても同様であったのだ。

とはいえ、盛山らも指摘しているように、高学歴化によってブルーカラー職からホワイトカラー職への移動が一段落——飽和化——してきた段階で、ホワイトカラー職内部での階層変化があらわれた。つまり、「事務職」から「管理職」へ、「販売職」から「事務職」への移動である。これを社会階層上の移動とみなしてよいのかどうか。盛山らはつぎのように指摘する。

「今後の階層構造は、この被雇用ホワイトカラー層がどのような軸を中心に内分化を進めていくかにかかっている。すでに事務と管理との境界は曖昧なものになっており、被雇用の販売と事務との境界もはっきりしない。専門は内部の異質性が大きい。こうした状況は、職業を軸に考えてきた従来の階層構造の社会的意義を次第に薄めていくであろう。」

もし、職業上の階層概念が以前ほどには分析上の有効性をもたないとすれば、どのような要素や条件が今後の日本社会での階層分化をもたらすのか。盛山らは「むしろ職業にかわって、職業横断的に、……資産を軸としての階層分化は、今後ますます社会経済的な重要性を増してくる。（中略）……資産を軸とした階層分化は、……従来の階層概念に対する挑戦である」と指摘する。

つまり、従来の社会階層は資産によって区分されていたがゆえに、それは階層ではなく階級といわれた。すなわち、社会階級による選抜であった。それを突き崩したのは近代社会の成立であったが、また、資産による選抜が復活することで、近代社会から身分制社会へと回帰するのだろうか。階層は流動的だが、階級は固定的である。階層は学歴によって超えられるが、階級はそのようには超えられない。盛山の問題提起は刺激的である。

振り返れば、学歴の社会階層向上への貢献度は、戦後の高度経済成長期以降に低下したかのような印象を受けるが、実際には、それは高等教育に相応しい職種や職階制度を可能にする産業の発展や企業の成長によって規定されるのである。このことに留意しておく必要がある。

明治後半以降、とりわけ、大正期に多くの高等教育機関が創設され、卒業生の数が増加した。それが労働市場での需給の不均衡を招き、卒業生の大多数は希望する職種などに就くことができたわけでもなかった。そこには高学歴者の供給過剰という現実があり、就職できた高学歴者とそうでなかった人たちとの所得格差は極めて大きかったのである。

もちろん、この種の需給ギャップの課題はいまもある。現在、わたしたちは知識基盤社会（knowledge-based society）に生活し、知識集約的産業（knowledge-intensive industries）での高度人材が必要であるとされる。知識集約的ということばで連想されるのは研究開発などに従事する技術者や科学者などであり、そのイメージはそのような知的職業として容易に取り結ぶことができる。

他方、現在の就業者の過半を占める小売業者やサービス業において、その現場的職種のなかでどのような仕事が知識集約的であり、そこにどのような知識集約的な人材を具体的に必要としているのだろうか。そのイメージはきわめて断片的であいまいなのである。

さらに、その先にも課題がある。高学歴者とは現在において、どのような学歴を持つ人たちを指し示すのかという点である。そして、いったい、彼らや彼女らが取得した学歴を支える知識や学力が、どのようなかたちと条件の下で現実の労働市場に結びついているのかという点も問われなければならない。

知識集約的な経済環境に貢献するとされる学問体系とその習得が、大学などのカリキュラム（科目配当表）で可能であると主張され、卒業生を多く出したとしても、現実の労働市場でどの程度の人たちがそうした知識を要求する職種などに吸収されるのであろうか。高学歴者と労働市場とのマッチングは、わたしたちの社会で古くて新しい問題であり続けているのである

英国シェフィールド大学の米国人教育社会学者のキンモンスは、『立身出世の社会史―サムライからサラリーマンへ―』で、高学歴者の需給均衡が日本社会でつねに保たれていたわけではなく、とりわけ、経済成長の低迷した時期に高学歴者の過剰供給が問題視され、従来の単純な高学歴＝立身出世という構図が崩れたことを指摘する。そして、そのため、加熱されすぎた立身出世主義熱を冷却する装置が社会的に用意されるようになったとみる。

その傍証としてキンモンスが注目したのは、日本の出版市場での青年向け書物の傾向である。たとえば、「成功」ストーリーを前面に打ち出した書籍や雑誌である。日本の場合、そうした出版物は明治中期ぐらいまではさかんに発行され、青年たちの大志を促し、日本の近代化を象徴した東京での「学び」を推奨した。

そうした出版物は、学校卒業後の立身出世という物質的栄達――豊かな生活――を大らかに楽観的に説いていた。だが、明治後半になれば、そのような著作に代わって、精神的栄達を説く著作という社会的装置が登場した。

キンモンスのことばでは、過大な野心の「冷却」装置ということになる。そこでは立身に関わったそれまでの楽観的すぎるイメージの是正が図られた。キンモンスは小学校の修身教科書の内容の変化

に注目する。たしかに、明治三七〔一九〇四〕年と明治四〇〔一九〇七〕年の国定修身教科書を比べると、後者は「立身」楽観主義が抑制されるようになっている。つまり、立身と出世を分離させる傾向が読み取れる。要するに、立身出世主義のトーンダウンであった。

キンモンスはその傾向が小学生の修身教科書だけではなく、当時の青年たちが読んでいた通俗的出版物にも表れていたと指摘する。その代表例として、当時、第一高等学校校長であった新渡戸稲造(一八六二〜一九三三)の著作などを挙げている。

たとえば、新渡戸が明治四四〔一九一一〕年に実業之日本出版社から出した『修養』や大正五〔一九一六〕年の『自警』をみると、当時、米国やドイツでも学び、日本の代表的知識人の一人であった人物としては異例といえるほど、平易なことばで社会での処世訓を実にざっくばらんに説いている。

『修養』は雑誌『実業之日本』に連載された「修養講話」を集めて一冊としたもので、明治末年近くに出版され、大正一三〔一九二四〕年までの十数年間で百版を重ねたベストセラーであった。新渡戸が亡くなる頃までには、さらに四〇版を重ねた。当時、いかに多くの青年たちに読まれたかがわかる。

『修養』と『自警』(『新渡戸稲造全集』第七巻所収)に解説文を寄せた社会思想研究者の武田清子は、「明治三十八、九年頃から大正時代にかけて、広く関心をよび、『修養』を教育目標として青年教育、民主教育を提唱する諸々の思想教化運動が普及した」と述べている。

彼女はその背景について、「忠君愛国や富国強兵をモットーとした国家主義などがすべてに優先した思想状況から、教養、修養、ヒューマニズム、デモクラシーなどといった思想がようやく人びとの関心事となり、個としての人間の問題を考えはじめようとする方向へ日本人の考え方が向きはじめて、近代日本における重要な一つの曲がり角に差しかゝった時期(*)」であったと分析する。

武田のいう「個」としての人間の問題は、当時の白樺派に集った一部の高学歴青年たちの教養主義的な煩悶や、社会主義思想に関心を持ち始めていた青年たちの社会への義憤などの高まりを指す。そのような時代的背景の下で、キンモンスの指摘するように、「いまや時代は、『立身』を際限なく追及することが最もふさわしい社会ではなくなっていた」のである。

＊白樺派――明治四三［一九一〇］年の同人誌『白樺』に集った文学者たちの総称。大正時代のデモクラシーや自由主義の雰囲気の下で、理想主義、尋常主義、個人主義などが文学作品のなかで主張された。武者小路実篤（一八八五～一九七六）、志賀直哉（一八八三～一九七一）、有島武郎（一八七八～一九二三）などが代表的作家であった。彼らの多くは学習院出身であった。

明治初期の時代精神が無邪気なまでに青少年たちに吹き込んだ平等的な立身出世主義を抑制する必要があったのだ。大正は「末は博士か大臣か」という楽観的立身出世主義の時代ではなくなりつつあった。むしろ、抑制だけで十分ではないゆえに、過熱気味の立身出世主義を別の精神的目的へと転換させることが求められていたのである。

キンモンスは新渡戸の『修養』など青年向けの一連の著作について、「一高校長としての深遠な知的世界から外に飛び出し……『実業之日本』に協力した理由がなんであれ、彼は明らかに煩悶と社会主義の両者に対抗する伝道者となった」と述べた上で、新渡戸の著作が青年たち——一高などのエリート校へ進学することがなかったものの、都市的「立身」を望んだ青年たち——の人気を博したもう一つの大きな理由をつぎのように解釈した。

「彼の平均的な読者が、終わりのない苦しい状況を耐える以外には何も期待できないような人々であったことも挙げられる。新渡戸の本は、逆境にどう対処するかを教えただけでなく、読者たちが毎日実践していた忍耐を、この上ない美徳だと高く評価していたことで、彼らにアピールしたのである。」

具体的に、わたしの手元にある新渡戸稲造著『修養』をひも解いておこう。新渡戸は「総説」で「修養とは何か」について「修むるとは身を修むる意であろうと思ふ。……養とは心を養ふの意であろう。……之を約言すれば、修養とは修身養心といふことであろう。身と心との健全なる発達を図るのが其目的である」と述べている。つまり、修養とは当時の唯我的「自愛」説や「我利々々」論——私利私欲の俺が、俺が……——とは異なり、平凡な勤め＝実践道徳であることを説いた。

新渡戸は同書の第一章以下で、現在の青年たちが読んでも決して違和感をもたないような表現と具体的事例でもって、実践的な道徳論——修養論——を展開している。具体的構成は第一章「青年の特性」、第二章「青年の立志」、第三章「職業の選択」、第四章「決心の継続」、第五章「勇気の修養」、

第六章「克己の工夫」、第七章「名誉に対する心懸」、第八章「貯蓄」、第九章「余が実験せる読書法」、第十章「逆境にある時の心得」、第十一章「順境にある時の心得」、第十二章「世渡りの標準」、第十三章「道」、第十四章「黙思」、第十五章「暑中の修養」、第十六章「暑中休暇後の修養」、第十七章「迎年の準備」となっている。いずれも具体的すぎるほど具体的であった。

このなかで、たとえば、第三章「職業の選択」では、新渡戸は、孔子の「吾十有五にして学に志す」に関連させて、中学校の二・三年生にあたる一五歳位の当時の若者たちの立志と職業選択観について、以前の「華麗な立派な方面」のように思える大臣や政治家への志望から「近頃は又実業家になりたいと、希望する者が頗る増加しているらしい。……宏大な邸宅に住み、……豪遊するのを見て、……想像から実業家を希望する者が多い」という現状を憂慮した。

想像力は若者にとって大事だが、新渡戸は「仕事の光明ある方面ばかりを頭脳に描き出し、其位置、境遇に達したと思ひ込む。これは一場の迷夢である。然るに今の志を立て、軍人、政治家、実業家になりたいといふものは、大抵この迷夢の土台からくるものが多い。冷静に考へるものは極めて少ない」と当時の若者を支配していた気風に苦言を呈した。つまり、若者にとって創造力は大事だが、それが空想力であれば問題なのである。

そこにあるのは、新渡戸ら高学歴第一世代が享受することのできた明治初期の「末は博士か大臣か」という現実の喪失であった。大言壮語の立身出世の可能性が失われつつあったにもかかわらず、若者たちの精神のなかに生き続けた想像的立志観の無制限な拡大――空想――を危惧し、その冷却装置としての修養を奨めたのではなかったろうか。新渡戸はいう。

「近頃高等な教育に志す者は、多くは医科や法科や工科の如き、所謂金になる職業に就くべき学科を修め、文科の如き売れ行き悪き学問を望まぬ傾向があるに由って、……就中文科は修養的価値が多い。」

この指摘は当時の新規学卒労働市場の現状を示唆している。事実、新渡戸が『実業之日本』に「修養」を連載し始める一〇年ほどまえと、その一〇年後に版を重ね、また『修養』のあとに出版された『自警』が売れ行き好調であったころとを比較すると、中学生の数は二・三倍、実業学校生の数は二・四倍、高等学校生の数は一・八倍、大学生の数に至っては七・八倍となっていたのである。

帝国大学の卒業生といえども、高級官吏になることができたのはほんの一部であって、実業界に職を求める傾向もますます顕著となりつつあった。新渡戸は、天下国家を論じて「末は博士か大臣か」を目指すよりは、技術などの実学を収めて日本の殖産興業に貢献するべきであり、文科の場合はなおさらのこと、修養し実業界に積極的に入っていくべきことを説いた。

新渡戸はいう。「僕の考では、一流ならば、学者でも政治家でもよし、二流なら寧ろ実業家となれ、三流なら猶更ら。然るに今日の如く二流の実業家と成れる者が、三流の学者と成りて得々として居るのは感服出来ぬ」と。この指摘は、当時の新渡戸のような知識層の職業序列観を示していて興味をひく。一流の人物――学者や政治家、二流の人物――実業家。このような序列はいまどのように変化しただろうか。学者はともかく、政治家については異論も多いことだろう。

さて、経済評論家の小汀利得（一八八九〜一九七二）は、『中央公論』（昭和五［一九三〇］年五月号）に寄稿した「初任給調べ」で、大学生・専門学校生の大正後期から昭和初期にかけての求人状況と就職率をつぎのように紹介している。参考までに引用しておく。

年次	卒業生求人倍率（%）	就職率（%）
大正一二［一九二三］年	一・一〇〇	七九・八
一三［一九二四］年	〇・九五〇	七五・七
一四［一九二五］年	〇・八〇〇	六六・六
一五［一九二六］年	〇・六二〇	五九・〇
昭和　二［一九二七］年	〇・六八三	六四・七
三［一九二八］年	〇・五四二	五三・九
四［一九二九］年	〇・四六二	五〇・二

昭和に入って、金融恐慌や昭和恐慌によって、大学生や専門学校生などは師範学校生などを例外として、その就職の機会は大幅に低下していた、だが、それに先立った大正後期において、大学生や専門学校生の新規学卒労働市場の過剰はすでに顕在化していた。

では、新渡戸は『修養』の後継書である『自警』で青年たちに何を説こうとしたのだろうか。新渡戸は同書第一七章「実業を精神化せよ」で「僕は実業に志す人に、社会国家を忘れろとは決して言はないけれ共、口に出す事だけは遠慮する方がよかろうと勧めたい位に思うて居る。如何なる事業でも、恐らく社会に必要なる事業であれば、宣言せずして社会に貢献するのである。……大体に於いて個人なり或は私設会社が為すべき経済行動は、国家社会の為と云はんよりは、其の個人其の会社の為だと公言しても恥づる事はないし、又実際に当って居るのである。英米独仏何れの先進国にしても、経済上発達を遂げたのは個人利益を主としたからである」と述べた。(*)

＊『修養』の直後の後継書ということであれば、『修養』初版発行から一年一か月後に出版された『世渡りの道』ということになる。大正元[一九一二]年のうちに五版、大正の終わりまでには七二版、昭和四[一九二九]年までには八六版を重ね、『修養』とともに当時のベストセラーとなった。個人の精神修養を説いた『修養』との比較では、『世渡りの道』は他人への接し方などの道徳を説いた。たとえば、第四章「怒気抑制法」、第五章「他人の言行に対する批判」、第六章「人に対する礼節」、第七章「応対談和」、第一一章「団体的道徳」、第一四章「悪口」、第一五章「泣言の矯正」、第一八章「親切の修養」、第一九章「同情の修養」などとなっていた。この他にも、新渡戸は修養日めくりカレンダーのような『一日一言』といった著作も出版した。これは、大正四[一九一五年]年のうちに二四版、大正末までに八四版を重ねた。当時のエリート校であった第一高等学校の校長や東京帝国大学教授を務めた新渡戸稲造のような人物にしては、いずれの著作も異例のベストセラーであった。

つまり、「個人の最良なる利益は即ち社会国家の利益」であるという考え方は、決して「個人主義」でなく、それは「己の事業にして繁昌すれば、営業税も余計に収め、以て国家に対する負担も喜んで増し、又海外に輸出額が殖えれば是れ亦国産に貢献する事であるから尚又国の為になる」と主張されたのである。新渡戸は「国家の為といふ誤解の危険」と「『国家』といふよりも健全なる個人思想」――ある種のリベラズム――の大切さをつぎのように説いた。

「平生何事にも就ても国民により重い犠牲を要求するような国家は、国家の一大目的に背いて居る者で、果たして国家が今日世界にあるならば、栄続の覚束ない国家と云はねばなるまい。（中略）僕は呉れぐれも言ふが、国家の為に忠君愛国の観念は貴むべきものにして、独り教育のみならず実業に於ても滋養すべきものであると思ふ。……僕自身は宗教なき教育は人の心髄を動かすもので無いと信ずるけれども、然らばとて学校の科目に宗教を入れることは（僕は非常の時を言ふのでは無い）却て実業の邪魔にもなり、又国家愛国の観念にも疵をつける憂がある。嘗て実業に従事する者は感情と実務とを混合しては却て害ある事を述べたが、今日茲に述べる事も要するに同じ考へに帰する。」

若い時代に米国だけではなくドイツでも留学生活を送った新渡戸であるが、ドイツ的というよりもむしろ米国的自由主義的経済観と新渡戸流に消化された米国流プラグマティズム的教育観に加え、明治以来の国家という重しがすこし軽くなり、個人という精神が宿り始めた大正期の精神がそこに貫かれている。

新渡戸の著作に代表される時代の光景は、つぎのようなサイクルを表出させていた。すなわち、「明治初期の学制趣意書に代表された個人の立身としての『学び』の意義」→「教育勅語の忠君愛国精神の『学び』の強調」→「個人の立身としての『学び』へのさらなる回帰」という流れではなかったろうか。

お国のための「学び」とはいえ、その学びを生かす場としての官公庁への就職機会はますます狭き門となり、大学や高等専門学校で学んでいた大多数の文系学生にとって就職はそんなに容易なことではなくなっていた。彼らだけではなく、中等教育を終えた若者たちにとっても、現実に学びの先にあったのは下級官吏の世界であり、商店や工場という世界であったのである。

そうした若者たちにとって、「学校で学ぶ」とは個人としての学び――さまざまな実学――と人柄を磨く修養のことであって、私利私欲型の立身出世主義者となることではないとされた。前述のキンモンスはそれをサラリーマン時代――俸給生活者、月給取りなど――の始まりととらえている。わたしはこの見方は慧眼であったと思う。キンモンスは前掲書でつぎのように指摘する。

「業績から人柄への変化の最も重要な要因は、教育を受けた青年の就職市場の変化であった。明治の青年は若いうちにリーダーになることが期待でき、彼ら向けの読み物はそれを反映していた。ところが、明治末の青年になると、リーダーの地位に就くためには、雇われた先の要求に合わせていって何年間もうまくやっていくことが必要になっていった。実際、雇う側は高学歴の膨大な青年たちの中から必要な人材を探すことができたので、青年たちは、もし雇われた先に順応することがなかったら職を得ることも職にとどまることも難しかった。この点で、世紀の変わり目以降の高学歴青年の状況は、江戸期の武士の状況によく似ていた。」

キンモンスは、「サムライ」と「サラリーマン」の類似性について、「武士たちは、自分の地位を維持したり上昇したりするために、ルールに沿った勤勉さや人柄や賄賂を競った。学校を卒業した青年は、生まれによって大衆と区別された武士とよく似た状況におかれた。学歴は、それを持つ青年と大衆とを区別する機能を果たしたが、不幸なことに青年の数は、明治の（大正・昭和と続いていく）体制が必要とするポストの数よりも多かったのである。……明治後期・大正・昭和の青年は、才気によってではなく雇主への忠勤と、上司との間に培った人間関係によって、サラリーマンとして地位を得、少しばかりの出世にありついたのである。彼はこの意味で現代のサラリーマンであった」と述べ、この時代の変化をうまく説明している。

たしかに、「藩士」――サムライ――を「サラリーマン」、「藩」を「会社」に置き換えれば、江戸時代の光景が明治以降の日本の企業社会としてそのまま浮かび上がってくるような錯覚にとらわれてしまいそうである。

以降、かつての武士がその属した藩という世界のなかでわずかな栄達――出世――を求めたように、明治以降の近代日本においては高学歴者の立身という野心は会社という組織内での栄達という序列のなかで冷却されていったとみてよい。

むしろ、組織を超えた野心というのは、組織の中から弾きだされた人たち、あるいは、かつての武士という身分にとって代わった、近代的身分である学歴を獲得できなかった人たちのなかに蓄積されていくことになる。この具体例は第四章で取り上げたい。

そうした立身の精神は起業家の事業展開への発露として、あるいは、大企業ではなく、中小企業の経営者やそこに働く人たちのなかに継承されていくことになるのである。すくなくとも、日本の中小企業文化のなかにある企業家精神なるもののあり様——むろん、すべてではないにしても——はそのようなものと、わたしはずっととらえてきた。

立身と中小企業社会

新渡戸稲造が青年たちに修養の必要性を説き始めた明治後半の産業構造を振り返っておこう。たとえば、明治四三［一九一〇］年の産業別有業人口の構成比は、農林水産業（六四・三％）、鉱工業・建設業（一六・一％）、商業・サービス業（一五・五％）、分類不詳（四・一％）となっていた（安藤良雄編『近代日本経済史要覧』）。

経済学者の中村隆英は『戦前期日本経済成長の分析』で、いわゆる近代部門の雇用創出力を推計している。彼の推計によれば、この年の製造業――従業員五人以上の工場――、炭鉱など鉱山業、教員、官吏――市町村を含む――、鉄道、電力、船舶輸送などのいわゆる近代部門に従事する人たちは、まだ全体の七％にも満たなかったのである。

当時、高学歴を望みその先に大都会での成功の希望を抱いた青年たちの親たちの過半は、農業に従事していた。日本は未だ典型的な農村社会であった。そして、そうした世代が学校制度の拡充期を経て、実際に職業に従事するようになったのは大正期である。

第一次世界大戦により日本の近代工業、とりわけ、重化学工業育成政策がとられた。しかし、日本の工業化が進展した大正半ばといえども、日本は農村社会であった。たとえば、大正九［一九二〇］年の産業別有業人口構成では、農業部門などに半数以上の人たちが従事し、鉱工業・建設業では全体の四分の一ほどであった。前述の近代部門従事者の割合もようやく一一％ほどになったにすぎなかった。たしかに、比較的規模の大きい企業とみられる株式会社の数は、新渡戸が『修養』を刊行した年には五〇〇〇社を超え、これに合資会社や合名会社を加えれば、一・二万社あまりの会社が日本で生まれていた。

とはいえ、増えつつあった中等教育、大学・高等専門学校などの卒業生すべてがそのような近代部門に吸収されたわけではなかった。文部省統計によれば、明治四三［一九一〇］年から大正九［一九二〇］年のわずか一〇年間で、中等教育修了者は一・八倍、大学や高等専門学校の卒業生のうち、大学生についてみれば同期間で三・一倍となっていた。

やがて、第一次世界大戦景気後の反動恐慌、海軍軍縮による造船不況、関東大震災による大打撃、金融恐慌、そして昭和恐慌が続き、新規学卒者の労働市場の需給不均衡は前節でみたように、大学生などの就職率の大幅低下に象徴的にあらわれた。当時、大学卒業生の三人に一人が就職できなかったといわれ、その現状を題材にとった映画が上映された。題名は「大学は出たけれど」(*)であった。まさに、そうした時代がやってきた。

＊「大学は出たけれど」――昭和四［一九二九］年作品。松竹蒲田撮影所、原作は清水宏、脚本は荒牧芳郎、主演は高田稔と田中絹代。大学を卒業したものの就職することのできない徹夫は、故郷の母親に心配をかけまいと「就職できた」という嘘の電報を送ってしまう。母親は婚約者を連れて徹夫の元にやってくる。

日本で性急に進められた近代化は、工業化という名の下の殖産興業政策――産業政策――というかたちをとり、新渡戸が『修養』で強調したように、「今日の日本は殖産興業の発達を講ずるのが、最も大切で、之がため国民が其全力を傾ける必要がある。僕が農工と云ふような実学の普及を希望するのも、又此趣意に外ならぬ」はずであった。

だが、近代化を担う若者たちがすべて農学や工学などを専攻するはずもない。実際のところ、文系学生の急増をみた。それが新渡戸をして実学を若者に薦めるきっかけとなったはずである。

新渡戸は、「適当な学科又は職業を選択せよと請求さるれば、僕は工業農業の方面を指定して、法学や文学を勧めたくない。……二三流の文士は却て社会の持て余しものである」と嘆いた。つまり、性急な近代化と現実の労働市場との関係が軌を一にしていたわけではなかったのである。

こうしたギャップから生じた摩擦熱への社会的冷却装置の一つの方向が、修養運動ではなかったろうか。皮肉なことに、地方から東京へと出て高学歴を享受できた新渡戸ら明治維新前後の世代が、東京を目指す若者たちにその立身出世熱を冷却させるために、修養を説かざるを得なかったのである。

それはキリスト教クェーカー派(*)の影響を受けた新渡戸だけではなく、「学び」を中心とする立身熱が高まっていた農村を中心に組織されるようになった青年団などでも、儒教精神などから修養が説かれるようになっていった。

*クェーカー(Quaker)――キリスト教プロテスタント派の一派であり、フレンド派とも呼ばれる。一七世紀半ば、ジョージ・フォックス(一六二四~九一)を中心に英国で起こった。自らの神秘体験で身を震わせることからクェーカーと呼ばれるようになった。その後、ウイリアム・ペン(一六四四~一七一八)が米国に渡り、ペンシルバニア州を中心に普及し広まった。新渡戸はペンシルバニア州に留学したことからクェーカー教徒たちと親しく交わった。

たとえば、青年団運動のリーダーとして「一日一善」――戦後、漕艇レースで富み、この標語を説いた人物もいたが――を提案し著名となった山本滝之助(一八七三~一九三一)、静岡県阿倍郡の若い郡長として、若い人たちを集め修養講習団運動を指導した田沢義鋪(一八五五~一九四四)、山下信義

(一八八〇〜一九四五)や蓮沼門三(一八八二〜一九八〇)等も修養の精神を若者たちに説いた。

興味があるのは、山本を別として彼らはいずれも当時としては高学歴者であったという事実である。そうであったゆえに、高学歴層の増大と日本社会の近代化のゆくえを必ずしも楽観視していなかったのではないだろうか。

ちなみに、弱冠二五歳で郡長となった田沢は東京帝大法科大学卒、伊豆で一農夫となった山本は京都帝大法科卒、学生時代から修養団を組織した蓮沼は東京府師範学校卒であった。

たしかに、日本の近代産業分野とこれを担う企業は増加していた。日露戦争から第一次世界大戦にかけて、三井、三菱、住友などがつぎつぎと持株会社を設立し、いろいろな産業分野に進出していった。とりわけ、鉱山、造船、貿易などの部門は短期間で大きく伸びたことで、大組織となった会社経営の管理層の需要は高まった。だが、それ以上に高学歴者が増えたのである。

高学歴者は、従来の高等官などの官吏層の労働市場だけではなく、大企業などでの専門職や管理職などの労働市場に吸収されていった。だが、他方において、大多数の現実の受け皿は在来産業や外来移植産業(*)での零細層や商業・サービス分野、地方の中等教育機関や地方役所などの場であった。

*たとえば、マッチ、メリヤス、毛布、ボタン、ブラシ、洋傘、石鹸、靴下など。

日本の近代化を象徴した帝都・東京の場合において、大正半ばの工場立地の地域をみてみると、従業員五〇〇人以上の当時としてはきわめて大規模な工場群は江東区、墨田区、中央区、港区に集中していた。だが、工場数からすれば、そうした大工場はまだまだ少数であり、そこで働く人たちの数も必ずしも多くはなかったのである。大多数を吸収したのはその周辺に立地した日常雑貨品などの家内零細工場群であった。

日本の近代化が官公庁や企業などの規模組織の拡充を通して高学歴者の労働市場を拡大させ、大規模組織＝高学歴職という構図を定着させた一方で、ここから抜け落ちざるをえない若者たちに修養を説いたとしても、彼らの立身欲求を完全に冷却化などできるはずもなかった。

むしろ効果的な冷却化は、日本の戦後の高度成長期のように、大企業の成長と新たに生まれた若い企業の急成長によるものであった。そうした企業の伸長が、ホワイトカラー層の労働市場そのものを拡大させたのである。むろん、それはつねに好不況の波に翻弄されてもきた。

いうまでもなく、学歴競争というトーナメント式競争は、少数の勝者とともに多数の敗者を生みだす必然性をもつ。そのかぎりにおいて、明治後半に顕在化した学びと立身との幸福な関係の終焉は、いまに至るまで繰り返されてきているのである。それゆえに、なんらかのかたちで敗者復活戦の場が準備されてきた。

そうした場は日本のみならず多くの国において、自営業層やそこから成長した中小零細業群のもつ企業文化の発露の場でもあった。中小企業文化とは、大企業や役所など大規模組織への対抗文化（カウンターカルチャー）であり、そうした中小企業文化が日本のみならず多くの国でそれなりの命脈を保ってきたのである。

韓国の社会学者の鄭賢淑は、『日本の自営業層―階層的独自性の形成と変容―』で日本の近代社会が学歴社会化するなかで、日本の自営業層の割合の高さに着目し、自営業層こそが立身における日本社会の開放性を保証する敗者復活戦を維持してきたと指摘する。鄭はつぎのようにとらえる。

「自営業層の存在はその社会の開放性を表わす象徴でもある。いかに自営への移動が起こるか、また彼らのなかからどの程度の割合の人が成功できるかは、その社会が個人の独立志向や能力にどれくらい開かれた社会であるかを示している。被雇用者が学歴によって評価され、官僚制のなかで与えられた定型的な仕事を遂行する存在であるのに対し、自営業層は自分の腕や能力、創意工夫を発揮できる存在である。彼らは独立志向が強く、リスクを厭わない、その点で、自営業層は学歴世界とは異なった、もうひとつの世界を作り上げてきた。」

もちろん、こうした自営業層には、近代工場へと脱皮していった鉄工所などもあったが、都市に生活するさまざまな人たちのニーズを満たすようないわゆる都市雑業も広範に含まれていた。

農商務省の工場調査に関わり、明治三〇年代後半の日本の工業化の現状を詳細に記録した横山源之助（一八七一〜一九一五）は、『日本の下層社会』で東京の下町には近代工業に従事する職工の数はいまだきわめて少なく、旧来の小工業が健在であることをつぎのように報告している。

「旧来より存する小工業の状態を見れば、年々新工業のためにその範囲を侵略せられながらも、なおその大半は依然として存し、種々の貨物を生産して吾人の需用に応じつつあり……。」

横山は、東京府下で一〇〇〇戸以上ある業種としては大工、左官、桶、木挽、機織、五〇〇戸以上は石工、かざり、畳、指物、鉄鍛冶、和服縫製、足袋《たび》、染物、建具、紙、三〇〇戸以上は屋根、植木、鋳物、提灯《ちょうちん》、靴、下駄、経師、二〇〇戸以上は木具、袋物、挽物《ひきもの》、木筆、綿打、西洋洗濯、活版、傘、五〇戸以上は石鹸、金銀細工、金銀メッキ、銅壺、メリヤス、やすり、電気機器、銅版、曲物、木版、陶器、人形、樽、蝋燭《ろうそく》、鞄、団扇《うちわ》、ガラス細工、椅子テーブルなどを挙げた。

そうした業種をみると、江戸期以来、人びとの生活に密着してきた製品をつくっている在来産業型と、明治以降に欧米諸国から輸入され、その後、人びとの生活に取り入れられ定着した製品である近代移植型の二種類あることがわかる。後者は輸入代替型ともいえよう。横山は近代移植型小工業が東京でも増加しつつあることも紹介している。

たとえば、従来の下駄《げた》にかわる靴、洋館や工場に使われるようになった煉瓦《れんが》、石鹸、人力車、写真、洋服裁縫、西洋洗濯、ペンキ塗、洋傘のほかに、既述の電気機器やガラス細工、椅子テーブルなどであった。五〇戸以下ということでは、歯磨、ボタン、医療器械、活字、洋刀、麦藁帽子、鉛筆、寒暖計なども近代移植型小工業として定着しつつあった。

東京市社会局の職員として大正期から昭和初期にかけて、東京下町の生活実態調査に関わった草間八十雄（一八七五〜一九四六）は、浅草など商店街の様子を克明に残してくれている。人びとの生活のなかに近代移植型製品が定着してきている反面、在来産業型の小工業製品もまた根強い存立基盤が保たれていることがわかる。

そうした商品を扱っていた商店街の業種をみてみると、食品関係では豆腐屋、イモ屋、飴製造、牛肉屋、すし屋、そば屋、魚屋、西洋料理店、中華料理屋――当時は支那料理屋という名称――、せんべい製造、たばこ屋、駄菓子屋、水菓子、酒屋、和洋菓子、乾物青物、漬物屋、白米屋、パン屋、牛肉屋、タバコ屋など、日常雑貨品では、ゴザ行李、家財道具、傘、古着貴金属、電気器具、古道具屋、金物屋など、衣料などでは、洋服屋、足袋・メリヤス、夜具・布団・蚊帳、履物屋、呉服屋、シャツ洋品店、下駄屋、靴屋など。このほかに建具屋、自転車屋、薬局があった。

東京などでの近代工業の発達は、先にみてきた高学歴者を呼び込んだが、同時に、東京の人口増大そのものが東京周辺地域から、さらには地方からさまざまな人たちの流入を促してもいた。

前述の中村隆英は、『明治大正期の経済』で、そうした人びとを、「かれらの運命は、まず人に雇われ、やがて独立して在来産業を営み、同じく地方出身者と結婚し、やがて若い地方出身者を雇用するようになって『成功』の道を歩んだり、一生日傭のままですごしたり、さまざまであったが、とにかく都市在来産業の内部で生活したのである」と紹介している。

中村は、わが国でも職業別有業人口をつかめるようになった大正九［一九二〇］年の『国勢調査』と、その後継調査である昭和五［一九三〇］年の『国勢調査』のデータから、都市小工業やその製品に関連する商業・サービス業が広範に存立していたことを示し、つぎのように分析を加えている。

「一九三〇年代にいたって近代部門はなお全有業人口の一二％程度にすぎず、……長期的にみて農林業のシェアが八〇％台から順次低下してきたのにくらべ、在来産業のシェアは二七％から四二％にまで長期的に上昇してきたのである。……近代産業の労働力の需要が小さく、供給量を吸収しきれない状況のもとで、就業を求める労働力が、生産性が低く所得も少ないのを承知して在来産業に就業せざるをえなかった、いわゆる『全部雇用』のために成立した事態であった。その状況が基本的に変化するのは、第二次世界大戦後の一九五〇年代後半から六〇年代にかけての『高度成長』の時代にはいってのちのことである。」

この意味では、高学歴化は大正期に進み、それは中村のいう近代部門の拡大に呼応した。とはいえ、初等教育や中等教育を終えた多くの若者たちにとっての就業機会は依然として都市在来産業のなかにあったのである。

そうした産業にある自営業層や零細企業層こそが日本の中小企業文化の底流を形成してきたのである。それは中村のいうように、成功への厳しい苗床にもなったし、また、失敗への安易な温床にもなったのである。

中小企業と学歴構造

集積回路の開発設計会社であるメガチップスの創業者の進藤昌弘は、「経済社会を変革するアントレプレナー」で、アントレプレナー像(＊)につぎの三類型を設定している（明石芳彦編『ベンチャーが社会を変える』所収）。

＊アントレプレナー——フランス語源。通常、起業家とか企業家と訳される。従来型の事業ではなくより革新的でリスクの高い事業を起こす人たちやその活動を指す。

起業家タイプ——「実践主義であり、興味津々の性格を有し、既成概念がない。おかしいものはおかしいと考え、発言するし主張もする。だから前例も常識もおかしいな、と思えば既成概念を変えることをも辞さない。このような人は本当にやりたいことに燃える人といえる。……〝やりたいことや好きでたまらないこと〟が達成できたら、十分満足する。言い換えればそれにしがみ付こうとする執着心を持っていない。」

事業家タイプ——「拡大路線をとる。起業家が起こした事業を事業家タイプの人に引き継ぐと、会社を大きく育て上げる。」

経営者タイプ——「起業家が起こした事業を……経営者タイプに引き継ぐと、成長よりも事業を安定させることに手腕を発揮して、非常に安定感のある会社を作る。そして、創業者から受け継いだ事業を長続きさせ、永続性のある会社に変えてゆき、次世代に渡していく。このようなプロセスを経て、長寿企業が生まれてくる。しかし、経営者タイプの人は、会社を興さない。経営者タイプの人は、ある意味で大きなリスクをとらないように訓練されている。」

進藤が言うには、日本の経済社会でいま必要とされるタイプは最初の起業家タイプであり、このような能力をもつ人材を育成・教育できるのかどうかが重視される。わたしの同窓会データベースをすこしばかり活用させてもらえば、工学部出身者で起業したタイプは、最初の起業家タイプが圧倒的に多いように思われる。

そもそも、彼らが既存企業からスピンオフした最大の理由は、新商品などの開発プロジェクトで自分のアイデアや進言が上司などに受け入れられず、ぶつかり合ったケースが多い。性格的にみても、一本気である。面従腹背や優柔不断といった態度がとれない人たちも多いのである。

逆に、上司には、自分の技術やアイデアに過信ともいえるほどに自信をもった、鼻もちならぬ態度をもった人物と映ったことであろう。お世辞にも、彼らは温厚とはいえず、頑固な人たちである。

進藤は起業家タイプのアントレプレナー能力について、つぎのような問題提起をおこなっている。

「起業家を育成できるのだろうか。……実践経験のない人でも、幼児体験、会社体験、先輩などとの活動経験を生かすことによって補える。重要なことは学習能力である。すなわち学習する素地、言い換えれば学習の姿勢を持っているかどうかがその人の学習能力に影響を与える。」

学習能力は単に起業家だけに必要なのではない。それはおよそすべての専門家や職業家にとっても、必要不可欠な要素なのである。より本質的には、学習能力のなかでも、特に、何を具体的に学習・習得すべきかを認識できる能力が必要である。

自らも起業経験をもつ進藤によれば、学習能力とは「何かに失敗したとき、反省し、その経験を生かすこと」ができる能力であり、ひらめいた事を論理的に考え、行動のためのシナリオにつくりかえていく能力であるとされる。つまり、起業家にとっての学習能力とは、アイデアから行動への転換能力のことになる。

問題は、そうした能力を学校教育において身につけることができるのかどうかである。進藤は、たとえば、ビジネススクール教育は必ずしもそのような能力の獲得には適していないとみる。進藤は、この点をつぎのように分析する。

「従来型ＭＢＡ教育(*)は、データを駆使して経営分析をして、他の企業をケーススタディとして分析し問題点を抽出し、そして解決策を考える。……従来型ＭＢＡタイプの人は、定石が通用したり、計画通りに実現していくときは、非常に強力である。……知識が豊富で分析型思考の人は、実は非常に冷静客観的で冷たく感じるので、いくら優秀であっても人をひきつける能力に乏しい。このようなタイプの人は大企業の参謀に向いているのではないか。」

＊ＭＢＡ（Master of Business Administration）――ビジネススクールでの取得学位である。経営管理学修士号。米国ではペンシルベニア大学のウォートンスクール（一八八一年）を嚆矢とする。一九二〇年

代には、ハーバート大学のビジネススクールでケースメソッドが開発され、ビジネススキルの向上を目指して活用されていった。一九四〇年代にはシカゴ大学でもビジネススクールが設けられた。第二次世界大戦後には多くのビジネススクールが米国で生まれた。欧州や日本では、ビジネススクールの歴史は比較的新しい。日本では慶応義塾大学が老舗で、一九七八年に社会人向けのコース（経営学修士）としてビジネススクール教育が開始された。文部科学者は平成一五［二〇〇三］年に専門職大学院制度を打ち出し、現在、日本ではビジネススクールは三〇校を超えるようになった。他方、米国では五〇〇校近くのビジネススクールが大学に設けられている。

こうしてみると、「アントレプレナーシップというのは精神であり、マネジメントはスキルと思っている。スキルは後天的に、一生懸命勉強すれば身につく」という進藤の指摘は、起業家に関わる精神と能力は先に掲げた三つの類型で異なることを示唆している。

先に見た中小企業群の底辺を広範に構成した自営業層においてこそ、そうしたアントレプレナーシップの一端が保持されてきたのではあるまいか。あるいは、自営業層はアントレプレナーシップの苗床といってもよい。アントレプレナーシップという精神は、その国がもつ中小企業文化と無関係ではありえないのである。

それは時代の流れを先取りする成功の苗床にもなりうるし、また、失敗の温床にもなりうるのである。そして、この成功と失敗とを隔てる壁がしばしば紙一重であった事実において、それは運・不運として解釈されてもきた。

本田宗一郎や井深大あたりが自らの技術にこだわり、利益のみを先行させた事業の展開よりも、その製品化に執念を燃やし続けた起業家タイプであるならば、創業時には起業家タイプが大事だ。また、多くの独創的な製品を生み出し、企業の成長を軌道にのせる時期には事業家タイプが必要となる。大規模組織となってからは、経営者タイプが不可欠であろう。

この三つのタイプを同時に併せ持った人物はそう多くないであろう。三つのタイプを見事に順次演じ切り、その都度、つぎのタイプへと見事に脱皮していったのは松下幸之助（一八九四〜一九八九）など少数派であろう。

土間操業――いまなら、ＳＯＨＯ（Small Office, Home Office）――からスタートした自営業を世界有数の家電機器メーカーへと育て上げた松下幸之助の初期の歩みを年表風につぎに記しておく。

明治二七［一八九四］年　和歌山県海草郡（現在の和歌山市）に生まれる。
　　三七［一九〇四］年　大阪の宮田火鉢店に丁稚奉公へ出る。
　　三八［一九〇五］年　大阪の五代自転車店に移る。
　　四三［一九一〇］年　大阪電灯会社に内線工見習として入社。
大正　六［一九一七］年　改良ソケットを考案し独立決意、電灯会社を退職。
　　七［一九一八］年　大開町で松下電気器具製作所を設立。
　一二［一九二三］年　自転車用の砲弾型電池式ランプ発売。

昭和　二［一九二七］年　角型ランプを「ナショナル」ブランドとする。
　　　四［一九二九］年　松下電器製作所へ社名変更。
　　　五［一九三〇］年　ラジオの生産・販売。
　　　六［一九三一］年　乾電池の生産開始。

松下幸之助は実家の没落によって、小学校を四年生で中退して、大阪にあった宮田火鉢店に丁稚奉公に出た。幸之助が九歳のころであった。幸之助は火鉢という在来型産業でその事業人生をスタートしたことになる。しかし、幸之助は店主の都合によって三か月間ほどで自転車店へと移り、五年間働くことになる。ここで幸之助は在来産業から近代移植産業——輸入代替産業——に転換したわけである。

自転車は明治初年にすでに日本へ輸入されていたが、それはあくまでも富裕者の娯楽用に使用されたにすぎなかった。自転車が本格的に輸送手段として意識され輸入されるようになるのは、明治半ばころからであった。大阪でも明治二〇年代後半には輸入販売商が現れ、やがてその部品の補修修理などから自転車の国産化が創始されていった。

大阪南部の堺の鉄砲鍛冶や刀鍛冶という在来型小工業者が見様見真似で模倣し、ハンドル、フレーム、ギヤ、クランクなどを手作りすることで、自転車の国産化が進んでいくことになる。幸之助が自転車店に勤め始めたのは、ようやく日本でも自転車が本格的に普及し始め、英国製などの自転車が年間二万台ほど輸入されていた時代であった。

国内需要の拡大は部品製造業者の参入を促し、第一次世界大戦で自転車の輸入が困難になったことから、日本の自転車産業は興隆していった。いまで言えば中学生の年頃に、幸之助は当時の高額商品であった自転車の販売に携わっていたのである。

その後、幸之助はすでに結婚していた姉の夫——義兄——の紹介で、来るべき電気の時代を象徴していた大阪電灯株式会社へ転職することになる。(*)いまの高校生の年頃である。

＊大阪電灯株式会社——明治二一［一八八八］年末、鴻池善右衛門、住友吉左衛門、藤田伝三郎など大阪の財界人によって、大阪市に電灯を供給するために設立され、翌年から営業を開始した。当時、電灯の普及は大阪など大都市でもわずかであった。明治三〇［一八九七］年より高圧送電交流方式による電力を供給し、大阪以外にも営業の拡大がはかられていた。大正一二［一九二三］年、大阪市の市電開通による電気供給事業の公営化の動きのなかで、同社は大阪市に買収された。

この転職が幸之助に、電気の時代を頭ではなく身体でもって感じさせることになったにちがいない。学歴もなかった幸之助にとって、大阪電灯は夢の大企業であった。職工身分から事務員——準社員——へと短期間で昇格した。のちに松下電器を支えるソケットは、この時期に考案されたという。

幸之助は、一八歳のときに関西商工学校——明治三五［一九〇二］年創立——の夜間部電気科に通っている。だが、結局のところ、本科に進級することなく、予科へ一年間通っただけだ。小学校を中退した幸之助は、読み書きが苦手であった。のちに多くの著作を残したことを考えると、自学自習というかたちで努力したにちがいない。

幸之助は二十歳で兵庫県淡路島出身の井植むめの――のちに従業員となる井植歳男（一九〇二～六九）は実弟であり、第二次世界大戦後、独立して三洋電機を起こした――と結婚し、その二年後、大阪電灯を退職した。

事情はいろいろあったろうが、幸之助には人に使われるよりも、自分の才覚で人を使って自分のアイデアを商品化したい情熱が強く、それが安定した生活へのこだわりをはるかに上回ったのである。

幸之助は自らの創意工夫によるソケットの生産・販売に着手し、翌年、起業した。かつて売り歩いた自転車が夜も使えるようにと開発された砲弾型デザインのランプ、庶民には高根の花であった電気アイロンの量産に踏み切り、ラジオの生産、テレビの研究などにも取り組み、その後の松下電器発展の基礎を固めていった。

松下幸之助にとっての大阪電灯への就職は、当時の多くの人にとって立身出世の模範と映ったにちがいない。しかし、助手――配線工――採用から事務員へと昇格したものの、幸之助はわざわざ願い出て再び現場で自らの裁量で働ける検査員へと戻っている。

先に述べたように、幸之助は事務作業などを通じて読み書きの学力不足を感じたに違いない。そうであったからこそ、夜間の実業学校にも短期間通ったのであろう。

家庭用電気製品の市場がいまだ開拓されておらず、重電中心であった日本の電気機器産業は夜明け前の状況にあった。松下電器の自営業的創業とその後の中小企業への成長は、家電製品市場の急拡大に依った。こうした幸運な時期に生まれ、幸之助には自らの事業が大きく成長することへの予感があったはずである。

大した学歴に恵まれなかった幸之助であるが、松下電器が成長し大規模組織になるにしたがって、大学卒などの採用に早期に踏み切ったのもまた彼であった。時代の変化のなかで、学なき幸之助は学ある人たちの使い方を熟知していたのであろう。

第三章　「出世」の経済社会学

日本社会と出世主義

社会的階層を固定化させた身分制社会では、出世をめぐる競争はきわめて限定的なかたちと範囲でしか表面化しない。他方、近代社会では、学びによる立身がやがてそれまでの社会階層の流動化をもたらし、出世主義を生み出していくことになる。

当初、大学などの高等教育機関を巣立った者は若者たちのほんの一握りであり、稀有な人材として明治政府の高級官僚として吸収されていくことになる。そうした政府などの公的部門と東京帝大といった高等教育機関との需給均衡が崩れ、高学歴化した若者たちが実業界に進むのは明治中期からであった。

むろん、それまで高等教育機関を卒業した若者たちが実業界に入らなかったわけではない。ただし、その供給源は慶応義塾などの私学に限られていた。福沢諭吉（一八三四〜一九〇一）の個人的ネットワークによって塾生たちがのちの経営者候補として実業界に入っていた。

たとえば、慶応義塾の教師を経て明治八［一八七五］年に三菱商会に入った荘田平五郎（一八四七～一九二二）は、三菱財閥の経営者として丸の内ビル街の建設、長崎造船所の経営、保険事業の拡充などに取り組むことになる。三井財閥では、福沢の甥にあたる中上川彦次郎（一八五四～一九〇一）が三井に入り、鉄道や工業分野での事業展開を進めることになる。三井財閥の重鎮となる池田茂彬（一八六七～一九五〇）は中上川の慶応の後輩筋——のちに娘婿——にあたる。

そうした政商的要素の大きかった三井や三菱など当時の大企業以外では、たとえば、のちに陶磁器輸出などで大きな役割を果たした森村組——森村ブラザース——に入り、ニューヨークなどで悪戦苦闘し米国市場を開拓していった村井保固（一八五四～一九三六）もまた、福沢の紹介で実業界に入った人材であった。森村組の経営者であった森村市左衛門（一八三九～一九一九）の異母弟で、村井とともに米国での事業展開をすすめた森村豊（一八五四～九九）も福沢の下で学んだ一人であった。

福沢が実業界と親しい関係にあったことで、福沢の個人的ネットワークが慶応の卒業生と実業界とのパイプをつくり上げていった。福沢のネットワークは、当時、高等教育機関の卒業生が少数であったがゆえに形成された。そして、慶応義塾以外の校長なども、同様のネットワークで卒業生たちを実業界に送り込んでいた。そうしたネットワークは、学生数も少数、企業数もまた少数であった明治初期の、ある種の牧歌的ジョブ・マッチングシステムであった。

森有礼が明治八［一八七五］年に私設した商法講習所は、その九年後に国に移管され東京高等商業学校——一橋大学の前身——となった。当時としては、貴重なビジネスマン養成所である。東京高商の初期のころの卒業生であり、のちにわが国の保険業界の発展に大きな役割を果たすことになる各務鎌吉（一八六九〜一九三九）や平生釟三郎（一八六六〜一九四五）などは、当時の校長であった矢野次郎の紹介で、母校などで短期間教壇に立ったあとで実業界に入っている。

実業界と帝大卒業生との間の就職ルートが形成されるのは、まだその後であった。森川英正は『日本財閥史』で、明治期の三井、三菱、住友、安田、大倉、古川、浅野、藤田の役員たちの学歴を紹介している。三井系では三井銀行、三井物産、三井鉱山、三越呉服店、芝浦製作所、三井同族会の役員二二名のうち、慶応義塾出身者は中上川彦次郎をはじめとして五名、東京高等商業——前身の商法講習所を含む——の出身者は二名、東京帝大の出身者は三名となっている。

三名の東京帝大出身者の場合、法科大学卒は二名で大蔵省や農商務省の官吏を経て三井銀行や三井同族会に移っている。あとの一名は理工系出身者で工科大学の教授を経て、三井金属の取締役となっている。彼らはいずれも若くして要職についた人たちであった。これ以前の年代層の経営者たちは、彼らのような正式な学歴を有していない。

三菱では三菱合資——鉱山や造船を含む——、東京倉庫、東京海上、日本郵船の役員一四名のうち、慶応義塾出身者は荘田平五郎など四名、東京帝大——前身の大学南校や東京開成学校を含む——は、四名である。住友では住友本店——銀行を含む——役員八名のうち、東京帝大が五名を占めた。すべて法科大学出身であり、日本銀行、農商務省、裁判官を経て住友本店の理事となっている。安田では安田銀行の役員が東京帝大出身者——安田善次郎の娘婿——である。古川鉱業では役員二名のうち、一名が東京帝大の前身の一つである工部大学校の出身者である。大倉では大倉組や大倉土木組など五名の役員のうち、慶応義塾出身者は一名、東京帝大は工科が二名、法科が一名となっている。浅野では東洋汽船などの役員二名のうち、一名は東京帝大法科出身者——浅野総一郎（一八四八〜一九三〇）の娘婿——である。藤田では藤田組の役員三名のうち、一名は慶応義塾出身者であった。

明治期の財閥の役員構成には、それでもまだ江戸期の教育——藩校や寺小屋など——を受けた年代層と慶応義塾や東京帝大などの学歴をもつ年代層が混在し、なかには創業者と娘婿などのかたちで血縁関係をもつ学校出もおり、狭い個人的ネットワークのなかで企業組織の運営が行われていた。

やがて、財閥系企業の事業拡大と学校出の増大によって、明治後期から大正期にかけて、高等教育機関の出身者を定期的かつ組織的に採用する動きが広がっていった。しかし、従来の慶応義塾や早稲田——大学令(*)による正式な大学ではなかった——、東京帝大や第二の帝大として明治三〇[一八九七]年に創設された京都帝大に加え、大正期には高等商業などの高等教育機関が増加し、その卒業生たちが、希望する企業にすべて入社することができたわけではなかった。

＊大学令——大学の名称を使うことが許されながらも、制度上は専門学校扱いされた私学などは帝国大学

と同じ待遇を求めた。大正七〔一九一八〕年末に「大学令」が公布された。大学令には従来の帝国大学令の趣旨とともに「人格の陶冶」という教育目的が付与され、私学も大学として正式に認められることとなった。また、単科大学の設立も認められるようになった。

また、高等教育機関への進学希望者も増加して、入試競争も厳しくなった。そのあとの入社競争のほうについてみれば、欧州を中心に展開した第一次世界大戦による大戦景気が既存企業の組織拡大だけではなく、役所などの拡充を促したことで、学生にとっては就職が容易になった。しかし、その後は厳しくなっていった。

前章ですでに紹介した教育社会学者キンモンスは『立身出世の社会史―サムライからサラリーマンへ―』で、一九二〇年代から一九三〇年代――小津安二郎監督の「大学は出たけれど」の時代――を、当時の就職雑誌などの出版物からつぎのように紹介する。

「両大戦間期に新たにみられた顕著な現象は、大学や専門学校卒業の就職にかかわる多数の出版物が登場してきたことである。……『就職の戦術』、『就職の戦線』、「就職の秘訣」といった書物の著者たちにとっての繁栄期であった。……たとえば、一九三四（昭和九）年に出版された『学生と就職の実際』……この就職案内書の冒頭では、明治初年のような雇用機会はいまや歴史的な遺物になったと宣言されているのである。したがって、学生は誇大な夢を持つべきではないし、高い地位や富の獲得に関してはもちろん、就職に関しても最悪の環境に自分が置かれていることをはっきりと認識すべきだ、と説かれている。」

明治三六[一九〇三]年生まれ、東京大学法学部を卒業後、三井合名に入社し、戦後、三井不動産に移り、後に社長、会長を務めた江戸英雄（〜一九九七）は、作家の城山三郎との対談で、「大学は出たけれど」時代の自らの就職活動をつぎのように振り返っている（城山三郎編『静かなタフネス一〇の人生』所収）。

＊　＊　＊

江戸「お役人ていうものは、高等文官試験、いまの公務員試験ですかな。そこを通ってないと出世できないんですよ。……受験のために無理な勉強すると、また病気になるかもしれん……もう就職期が過ぎちゃった頃、偶然、大学の法科の掲示板の小さな紙に、『三井合名で英法の者を一人採用する』という募集が出ておりまして、それに応募して、不況のどん底時代、いわゆる『大学は出たけれど』の時代でございまして、競争者が多かったですが、入りました。」

城山「相当厳しい競争でしたか。」

江戸「相当ひどかったんですよ、百人ほどおりましたから、その頃は、まともなところはどこでもそうなんですよ。一流銀行とか、官庁以外にはほとんどまともな就職先はなかったんですから、大量に採ったのは、保険会社の外務員です。」

城山「東大を出てもね。」
江戸「おそらく三分の一は決まらなかったと思いますね。」

＊　＊　＊

そうした厳しい状況の下では、就職のためのノウハウ本やマニュアル本が書店の店頭に並ぶものである。就職関係のマニュアル本はけっして現在に特有のものでなかったことがわかる。むかしから、その種の本はあったのである。厳しくなった就職状況は当時の若者にどのように映ったのであろう。若者たちは、既存企業への就職が困難となったなかで、ピンチはチャンスとばかりに、職がないなら、それはむしろ自ら起業をする機会と思ったのか。あるいは、既存企業へなんとく就職して自らのささやかな出世主義を満たす道を探ったのか。

実際のところ、大学や高等専門学校の卒業生たちの就職をとりまく状況が改善されていくのは、戦時経済化に結びついた重化学工業路線がとられ始めた一九三〇年代半ば以降であった。戦争景気という皮肉な状況の下で、軍需関連で起業し成功を収めた人たちは消費を拡大させ、国内経済を活気づかせたのである。そして、投資が投資を呼んだ。

「海外飛躍」ということばも飛びはね、若者たちは企業業績の好転で出世の道が以前よりは開けてきたと感じ始めていた。日本の若者たちにも、明治後半から長い間しぼんでいた出世主義が再び復活してきた。

出世主義と会社主義

前章で紹介した経済評論家の小汀利得の「初任給調べ」(『中央公論』昭和五[一九三〇]年一二月号所収)によると、いまでこそ、出身校による初任給差別などはないが、戦前期には大学序列がそのまま初任給の水準に反映されていた。

たとえば、財閥系企業の場合、三菱系では出身校が違ってもほぼ同等であったが、三井系では三井銀行の場合、大学令による大学と専門学校令による学校には差異が設けられていた。三井信託では慶應や商大、帝大が早稲田よりは上位に置かれていた。住友系財閥では、帝大と商大の卒業生が、慶應や早稲田より高い初任給で優遇されていた。安田系財閥もほぼ同様であった。

住友系財閥について、早稲田出身の小汀は「住友は御大湯川寛吉(*)が官僚出身であるので、極端な官僚風、今でも月給が或る程度まで行くと、住友家の羽織を下し置かれるのだから、つまらないことだが骨のある人間はこんな昔ながらの家来みたいな取扱は受けたくないから、結局人材は集まらない」と辛口のコメントを書き記している。

＊湯川寛吉(一八六八〜一九三一)—和歌山県生まれ。東京帝大法科大学卒業後に逓信省に入り、東京通信管理局長などを経て、大学の先輩の勧めで住友に移り本店支店長、理事などに就任。住友電線製造所を設立し、住友銀行の常務なども勤め、第五代住友総理事——のちに相談役——となった。貴族院議員。

銀行にかぎれば、差異が大きかったのは日本銀行や横浜正金銀行の場合であり、学歴や出身校によって細かく初任給水準が設けられ、帝大や商大など公立校の卒業生のほうが私大や高商よりも高位となっていた。もっとも、公的な金融機関であった日本勧業銀行の場合、大学令による大学卒の場合、国公私立に差別はなかった。また、小汀は三井銀行をはじめ三井系で官立と私立の差異がないことは、慶應出身が経営トップにいることにその理由を求めている。

初任給と当時の日本人の出世観(感)の関係について、小汀は「初任給は如何によくとも、日本銀行の行員となって、同行の高等官たる調査役になり損ねたら、これ位惨めなものはない。……不幸にして調査役になれなかった者は、クラス・メートが総裁となり大臣となって居る時に、年収三千円位の書記で暮し、一生をそれで終わらなければならない」と記した。

小汀は日本銀行について「初任給が如何によくとも」と述べたが、たしかに当時の初任給は民間企業などと比べて群を抜いて高かった。たとえば、帝大・商大——東京商大、大阪商大、神戸商大——卒業生の場合、初任給の年収月額は一三五円であり、当時としても破格の待遇であった。

他の金融機関をみると、横浜正金銀行——貿易金融専門の特殊銀行——の場合、帝大・商大卒で五九円、日本勧業銀行——半官半民の産業向け長期融資のための特殊銀行——で大学卒が一律で七〇円であり、日本銀行の初任給面での優遇が際立っている。

民間金融機関では、三井銀行の場合、大学卒が一律で七五円、野村銀行で官立大学卒が一律で八五円、私大・高商卒が八〇円となっていた。

日本勧業銀行と同様の特殊銀行であった日本興業銀行については、明治三九［一九〇六］年生まれで東京商大卒業後に入行し、戦後、頭取となった中山素平（〜二〇〇五）が、入行時の初任給についてつぎのように語っている（城山前掲書）。

「興業銀行というのは、特殊銀行だから、お役所と同じようでしょう。ぼくらが入りました時分は、たとえば国立大学出身は月給は手当を加えて九十円とか、私立出身は七十五円とか、参事、書記、書記補とか、身分制があって、参事というと役所の高等官ですわね。高等官になりますと、食堂から変わるわけです。当時の物価で、ぼくら一般の行員が四十銭というと、ぼくらが一橋でライスカレーが十五銭の時分ですから、大変なご馳走なんです。参事になると、それこそ一円二十銭の定食が食えるとかね。そういう国立大学出じゃない、いまの高等学校（当時は商業学校）出身の連中なんかは非常に不満があるわけです。」

では、製造業ではどうであったのだろうか。

財閥系ではない鐘淵紡績には官立・私立の大学の区別はなかった。公益事業の場合、東京電灯や東京瓦斯では官立と私立で差異が設けられていたが、東邦電力ではそのような区別はなかった。

初任給については、当時の日本の主導産業の一角をしめていた綿工業の雄であった鐘紡の場合、技術系と事務系とで異なった。技術系では、帝大工学部卒が一〇〇円強、高等工業卒が七〇円前後であった。技術職に比べ、事務系では大学卒が一律で七三円強、高商卒が六〇円強であった。「工高文低」といってよい。鐘紡ほどの優遇でなくとも、電力会社などでも技術系が事務系よりも初任給の面で優遇されていた。

こうした初任給の差異は、それぞれの業界がどのような人材を確保しようとしたのかという事情を反映している。紡績業では優秀な技術者の確保が大きな経営課題となっていたことが技術系優遇の初任給体系をとらせたのである。

尼崎紡績――後に摂津紡績と合併し大日本紡績、戦後はユニチカ――の社史『ユニチカ百年史』には、その苦労が記されている。特に、後発企業との競争で、技術者だけではなく経験工の争奪もまた大きな問題であったようだ。必然、優秀な技術者や技能工を確保するため、企業間に初任給争いがあった。

日本社会全体の高学歴化は、やがて現場からのたたき上げ従業員――丁稚《でっち》や手代出身者――と高学歴の従業員との対立を招き、それぞれの処遇問題を生み出した。こうした対立は時の流れとともに高学歴者がさらに増加するにつれ、高学歴者に対する処遇制度の問題となっていった。

たとえば、尼崎紡績の明治二〇年代から三〇年代にかけての職制あるいは職階制をみると、給料表で一等から九等までの職員――社員――と準職員――準社員――、見習い、小使や請負者などの身分上の区分が行われていた。

尼崎紡績の明治三八［一九〇五］年上期の全従業員数一四一〇名のうち、社員は一九名――うち部長は三名——、準社員九名、見習二〇名、技師二七名、男子工員二〇九名、女子工員一一七四名となっていた。

このような身分制的等級制度が廃止され、全従業員が社員と呼ばれるようになったのは昭和三六［一九六一］年末であった。江戸期の藩制度で、一口にサムライといっても実に多くの職制的身分があったように、戦前の日本企業には身分的職階制があったのである。そうした職階制度が大きく変わり、平準化されるのは第二次世界大戦後であった。尼崎紡績では、明治期以来の職制が七二年間にわたって継承されたことになる。

同社の社史はその背景について、「これは創立当時の会社関係者に旧尼崎藩士族がおり、社会的地位に格差があったことも考えられるが、むしろわが国の歴史が示す時代的背景を反映したものといえよう」と記している。

職分ということでは、製造担当、経理担当、営業担当などの区分があり、身分制ということでは、社員と準社員、工員と臨時工員、請負工などの区分があった。社員のなかで高学歴者が増えるにしたがって、さらにそこに学歴、勤続年数、人事考課などが組み合わされていった。

そうした傾向は、日本で最初に近代的産業として確立された紡績業だけではなかった。多くの産業分野の企業で職分制——job classification——が設けられるとともに、ある種の身分制といえなくもない等級制が組み合わされた。比喩的にいうと、〈封建時代の身分制〉×〈近代の職分制〉のマトリックスのような制度が現実に採用されていった。

たとえば、石鹸の国産化に大きな役割を果たした長瀬商店の場合をみておこう。同社は明治二〇［一八八七］年に長瀬富郎（一八六三〜一九一一）によって創業され、大正一四［一九二五］年には富郎の甥の富雄が同志社を退学し、二代目富郎を襲名、事業を継承し、花王石鹸へと発展させた。

二代目富郎は欧米企業の組織などを参考にしながら、花王石鹸の近代化を進めたが、昭和期に入ってからの同社の職制をみると、創業以来の徒弟制や年季奉公制、日給制従業員と月給制従業員が存在し、学歴をもつ社員については高等専門学校以上の卒業生、実業学校卒業生、高等小学校卒業生などの間に身分的職制が継承されていた。

経営史学者の佐々木聡は「花王にみる戦前期職員層高学歴化の一齣」で、人事制度の近代化が早期にすすめられた花王といえども、職工など工場部門で働くブルーカラーである「第一部員」と、本店で働く事務職員などのホワイトカラーである「第二部員」という差異が設けられていたことに注目し、つぎのように指摘する（川口浩編『大学の社会経済史—日本におけるビジネスエリートの養成—』所収）。

「注目しておきたいのは、まず、第一部員と第二部員との間に垣根が設定されていることである。これは、いわゆる戦前から戦後初期までの日本の製造業中心にみられた身分格差、いわゆる工・職格差の一つの現れといえる。」

身分制的要素を残したマトリックス的制度には、小刻みな昇給と昇進が組み込まれていたのである。

必然、若手社員が以前のように若くして抜擢されトップとなる可能性は著しく減り、また、学卒者の定期採用と社内の昇進人事が支配的となり、外部から経営者がやってくるという可能性も少なくなっていた。つまり、ささやかな出世主義が会社内部で制度化されていったのだ。

職分・身分などで構成されたそのようなマトリックス的制度の下では、個々人の職務と責任の範囲が明確でない分、個々人の仕事が無限大に膨張することにもなった。そのような傾向は、同質的な学卒者が定期的に一括採用されることによって、彼らの精神に内面化されていった。

経済学者の奥村宏のいう「会社本位人間」の原像は、どうもここらあたりから派生してきたように、わたしには思われる。同時期に入社した同質的な学卒社員が会社内の昇進制度の下で、互いに競争しながらささやかな出世階段を登ることが自己目的化され、会社中心主義と会社本位人間が生まれていくことになる。

企業規模と企業文化

先にみた花王石鹸の場合、高等小学校など初等教育のみの卒業者が第一部員となり、事務部門の第二部員には、学歴に応じて就職時に異なる資格が設定されていた。

高等専門学校以上の卒業者は正式社員として採用された。だが、甲種実業学校(*)や高等小学校の卒業者は、社員見習や給仕などを経て、ようやく正式社員となるルートであった。要するに、スタート時点ですでに学歴がものをいったのである。

＊実業学校――明治三二［一八九九］年に制定された「実業学校令」に基づく職業教育学校である。目的は「工業農商業等ノ実業ニ従事スル者ニ須要ナル教育ヲ為ス」ことにあった。甲種は年齢一四歳以上、高等小学校卒が入学資格であり、修業年限を三年とした。乙種は年齢一二歳以上、尋常小学校卒を対象とし、修業年限を二年とした。

一般的にいって、明治期に創業され、その後大きな成長を遂げた企業のほとんどは初等教育すら終えていない人たちによって基礎がつくられた。しかしながら、一世代ほど異なれば、その継承者たちは高学歴者となり、高学歴社員を雇用し始め、企業規模と学歴は高い関連性をもつようになっていた。これを大企業文化といえば、そこから抜け落ちざるをえなかった人たちはまたそれとは異なる文化と出世主義を形成していった。

小学校など――中退せざるを得ない人たちもいた――を終えただけで、街の小さな商店や小さな町工場へと入っていった人たちの文化である。そこから多くの自営業者が生まれ、彼らあるいは彼女らこそが日本の中小企業文化を担っていくことになるのである。それを大企業文化に比して、中小企業文化といっておこう。

学歴文化と強く結びついていった大企業文化との対比では、中小企業文化は学歴に恵まれなかった若者たちに、社会的上昇の可能性を与えていくことになる。もちろん、そうした中小企業文化は国や地域によって必ずしも同質のものではありえない。

たとえば、身分制度が近代化のなかでも保持される傾向のあった欧州では階級的意識が強く残存し、社会主義的思想が工場労働者たちに浸透していった。それに対し、米国では身分制度そのものが希薄であったために、欧州などからの移民――及びその次世代――には階級的意識は少なく、もっぱら社会的上昇は事業などの成功で容易に可能であるとするアメリカンドリーム（American dream）が生まれた。

そうしたアメリカンドリームが米国の中小企業文化――small business culture――に色濃く刻印された。反面、社会への関与はきわめて個人主義的なものとなり、もっぱらそれは個人の奉仕主義――volunteerism――に依るべきものとされ、政府の民間事業への介入などがときに社会主義的にとらえられ、強く忌避されることになった。

この点も、階級対立の融合に政府が介入し、積極的な役割を果たすことで福祉国家主義がとられるようになった欧州諸国と米国とでは大きく異なったのである。

それゆえに、米国の経済社会においては、個人主義的な成功がときにきわめて反社会的――全面的利己主義化――とならざるを得ず、その果てしない個人的経済動機とその荒々しい欲望を社会の公共的価値や公共観によって抑制しなければならなかったのである。

米国の経営史を個人レベルでの経営者史に引きつければ、無法地帯の荒野を行くカウボーイの権化のような、なんでもありの経営者も登場してくるのである。そのために、企業の社会的責任（Corporate Social Responsibility）がつねに明示的に主張されてきた。これはいまに至るまで米国的特徴となっている。

米国ほど国内移動の流動性が高くなく、先祖代々生活してきた共同体的地域――コミュニティー――のなかで、近代主義が定着した日本や欧州では、事情が異なって当然であった。これらの地域では、近代主義がもたらした個人の欲望と能力発揮の開放という利己主義は、伝統的社会が保持してきた全体的秩序主義との緊張関係のなかで内面化――モラル――され抑制されたのである。

それでは、日本社会での中小企業文化なるものはどのように特徴づけられるのか。一般に文化とは実態があって実態がないようなものであり、それゆえにその構成要素として大きな役割を果たすのはイメージの再生産性である。

中小企業文化といった場合も、そのうちの多数を占める事業体のあり方と、それと対照的な位置にある少数の事業体のあり方が、良くも悪くも中小企業文化のイメージをつねに再生産させてきた。しばしば、それらは極端な成功例や極端な失敗例であった。

だが、中小企業文化で平凡で多数を占めるのは、自営業層、家族経営の零細層、小規模企業である。自営業層とは文字通り自らが自らを雇用する層――the self-employed――であり、個人のライフサイクルにそって、経営者が歳をとれば自然消滅する存在である。

家族経営層もまた、経営者や血縁者のライフサイクルで後継者が身内にいなければ自然消滅する。いずれにせよ、自営業層や家族経営層については消滅的イメージがいまに至るまで、わたしたちの脳裏に再生産されてきた。しかし、こうした負のイメージの一方で、人に使われない自由で独立した存在という正のイメージも描かれてきた。

自営業から家族経営層、さらには血縁以外の雇用者をもつ小規模企業へと成長する層も、街の商店やサービス業、あるいは町工場として広範に存在してきた。自営業層などに消滅的イメージが付きまとってきたとすれば、そうした小規模層には停滞イメージも強く付着してきた。とりわけ、それが下請取引に強く依存している場合、この停滞イメージはさらに強められてきた。

他方、少数の成功者としての中小企業――とりわけ、その上層――は、自営業層、家族経営層、小規模企業から一挙に成長を遂げた少数の事例だけに、人びとの脳裏に成功物語――Japanese dream――として強く刻まれる存在となった。

前章で紹介した松下幸之助や、先に紹介した長瀬富郎などはその商品名とともにだれにでも理解しやすい成功者たちである。ここらあたりですこし単純化させて、米欧日の中小企業文化の構図を整理しておこう。

（一）　米国的中小企業文化――身分などに関係なく、社会的上昇を可能にさせる存在としてのスモールビジネスが強く意識されてきた。それは衰退や停滞ではなく、イノベーションの創出を通じてしばしば成長し、ビックビジネスへと成長しうる存在とされてきた。それゆえに、大企業への対抗文化としての中小企業文化が形成された。

(二)　欧州的中小企業文化――米国などと異なり、旧来の階級文化や階級観が残存したことで、中小企業は伝統文化に強く結びついた手工業的文化とともに、地域コミュニティーなどの生活文化そのものの需要に密着にした企業文化となっている。

(三)　日本的中小企業文化――中小企業の存在は米国のように独立自立的でもなく、欧州のような伝統的あるいは地域コミュニティー的でもなく、大企業を中心に形成された会社主義の外延部に位置づけられた。中小企業は米国のような大企業へのカウンターカルチャー――対抗文化――を象徴するものではなく、また、欧州のような企業規模にかかわりない社会文化でもない。それは大企業との序列的なサブカルチャー――下位文化――となってきた。

日本的な中小企業文化について、米日比較の視点を取り込んでおこう。日本の中小企業文化には米国ほどの自主独立という要素は少なく、共通する要素としてはともに個人的成功主義のある種の象徴的イメージである。社会的公正への意識は米国と同様――圧力団体的政治意識は別として――にさほど高くはない。

他方、欧日比較においては、伝統生活に関わる事業分野で存立する中小企業の存在は、大企業で象徴される近代主義に対抗する伝統主義を代表することにおいて類似する。だが、その対抗文化的要素は日本においてはかなり低位にとどまる。地域文化と地域社会の大いなる担い手という意識も欧州の場合と異なる。

地域社会との関係でいえば、中心市街地の高齢化と住宅の郊外化によるドーナツ化現象、若者世代のモータリゼーションとその購買行動の変化、さらには大規模スーパーの地域出店などによって、日本的な小規模の地域共同体的文化を支えてきた小売商業者たちの商店街は衰退をたどってきた。小売分野の自営業者の衰退は、彼らが中心となっていた町内会活動や地域共同体行事などの解体につながり、地域共同体が支えていた従来からのさまざま活動を低下させてきている。

これまで、そうした地域的サービスの多くは、自営業者が地域に広範に存在することで支えられ、いわば彼らの存在自体が社会的公共財的な価値——治安、清掃、行事などへの奉仕的サービス——をもっていた。それゆえに、自営業者層の減少や商店街の衰退は、かつて奉仕的であったサービスを地方自治体などの公的負担や有料サービス化に変更することとなり、地域住民に新たな費用負担を迫ることにもなっている。

地域の中小企業の衰退は、それぞれの地域文化の担い手の減少という面だけではなく、いままで感じなかった社会的費用の顕在化をもたらしてきている。もちろん、大企業にもまた地域社会に依存している限り社会的貢献は求められるのであり、工場や事業所——販売施設など——が、より顕示的に社会サービス負担を主張しなければならなくなってきた。

いままで、わたしたちが感じなかった地域の安全、地域の美観などの費用は、地域の住民でもあった自営業者が暗黙知的に負担していたのである。わたしたちはそうした社会的コストの大きさを意識せざるをえなくなってきた。

他方、自営業者を地域の政治的存在という観点からみると、彼らはしばしば他者排他的で自分たちの職業的利益や利権などの擁護者でもあった。いわば、彼らは地域的利害の配分機構を支えた地域保守主義の牙城でもあった。この面も見逃してはならない。とりわけ、戦前の日本社会では、自営業者層や小規模企業の経営者たちが、地域の名望家や指導者として地域政治に大きな影響力を及ぼしてきた。

自営業者間の狭量的で利益志向的な地域政治や、固定化された利権ネットワークの腐敗は、他地域や他分野からの新規参入を抑制させ、新規開業者や既存中小企業のもつ事業革新性――イノベーション――を封じ込めた。それが地域経済の停滞や衰退に結びつき、小売商業では全国チェーン型企業の地域展開への有効な対抗力にはなり得なかったのである。

なぜ、日本の中小企業文化のなかで、イノベーティブな要素が十分に内面化されなかったのか。あるいは、なぜ米国のように中小企業文化―― small business culture ――の一環ではなく、どちらかというとベンチャーというべきいわば別範疇のなかで論じられてきたのか。そのような実態は中小企業というよりも、日本の企業文化そのもののあり方を反映している。

ベンチャーを強調せざるをえないのは、中小企業だけの問題ではなく、日本企業のなかの事業革新性を育む潜在性が低いことにある。ベンチャー企（起）業家には、それまでの事業者とは大いに異なった新たな担い手層がしばしば想定されてきた。

なぜ、日本社会で、経済官庁の官僚たちが自らベンチャーを創始する担い手とはならず、それを勧める方に身を置いてその必要性を説く存在となるのか。あるいは、研究開発や新事業形態などでより有利な経営資源に恵まれた大企業の人たちが、なぜ、ベンチャー創業を行わないのだろうか。

もし、それが既存組織のなかで可能であったとすれば、だれが既存組織を飛び出してまでリスクの高い事業展開において孤軍奮闘する必要があるのであろうか。日本では、米国のような中小企業文化がベンチャー企業に託されているとすれば、それは、既存組織内での事業革新が必ずしも容易ではないことの反映であることにならないだろうか。

はたまた、現実には、大企業や中小企業といった区分や企業規模にかかわりなく、日本の企業文化そのものにベンチャー精神を見いだせないためなのだろうか。あるいは、それはそうであって欲しいという願望の強さのためなのか。なぜ、日本のベンチャー精神なるものの源流として、過去の事業家たちの事例がいまも引っ張り出されてくるのだろうか。

ベンチャー精神とベンチャー企業の代表者として岩崎弥太郎（一八三四〜八五）あたりまで遡る論者はほとんどいないにしても、松下幸之助（一九一八〜一九八九）、井深大（一九〇八〜九七）、盛田昭夫（一九二一〜九九）、本田宗一郎（一九〇六〜九一）などはいまもよく取り上げられる。

他方、米国の場合は、そうした戦前派事業家とは別に、若手の経営者たち、たとえば、世界ではじめてコンピュータを文字通りパーソナルなものとしたスティーブ・ジョブス（一九五五〜）やスティーブン・ウォズニアック（一九五〇〜）、パーソナルコンピュータの基本ソフトウェアをつくりあげたビル・ゲイツ（一九五五〜）やスティーブン・バルマー（一九五六〜）、マイケル・デル（一九六五〜）たちの創業と成功が、米国的スモールビジネスの成功事例として取り上げられる。彼らは一企業の枠をはるかに超え、新たなコンピュータ産業の流れを作っていった米国人たちである。

日本でベンチャーが従来の企業文化論や中小企業論とは別の範疇で論じられるのは、なぜなのだろうか。現在に至るまで、米国社会では自営業——米国流にいえばガレージ創業スモールビジネス——から短期間で世界的大企業へと急成長を遂げた事例を比較的容易に見出すことができる。

これに対して、日本社会では、同様な事例は、優秀な人材が既存の大規模組織などから創業まもない自営業的企業にまで容易に流れ込んだ敗戦の混乱期にまで遡らざるを得ないのである。ということは、日本にもそのような時代があったことにもなる。

ジョブスとウォズニアックのアップル社の成功などはのちにシリコンバレーモデルなどとして論じられることになった。その本質は、リスク資本——ベンチャー資本——などの整備のほかに、より重要な要素として、まだ事業化されていないアイデアや技術的着想段階の、自営業的創業のような不安定な事業体に優秀な人材が集まってくることである。日本でかつて急成長を遂げ世界的規模へと育っていった企業もまた、そうしたシリコンバレーモデルに沿った成功事例なのである。

ここで、企業文化について整理しておく必要があろう。企業文化といっても、その規模によって異なる文化を見出すことができるのであろうか。たとえば、大企業文化、中小企業文化、零細企業文化や自営業文化といったように。

一般に、大企業と中小企業とを論じる場合に、資金市場や労働市場への接近において、その行動が異なることが特徴とされてきた。たとえば、大橋隆憲は『日本の階級構成』でつぎのように論じる。

「独占的巨大・大企業と中小零細企業との差異は、まず資金の調達の面において、前者が証券市場・金融市場を通じて社会的遊休資本を自由に調達できるのに対して、後者はそれが非常に制限されている……労働市場でも、前者が良質の労働力を独占的に利用するのに対して、後者には制限が多い。技術水準においても格差も大きい。」

さらに、多種多様な中小企業群のなかでの「階層」性について、大橋は「中小零細企業家は、賃労働の上に成り立っている点において自営業者と根本的に異なり、あくまでも資本家としての性格をもっている」と述べた上で、自営業層については家族労働者など少数の雇用者をもつ零細層を含め、「業主みずから労務につく事が多く、しかも悪条件で長時間働く者が多いという点で区別がある」として、実質上の労働者「階級」とみなす。

高度成長後期——昭和四六〔一九七一〕年に発刊——に書かれたこの著作は、そうした自営業など零細層の命運を「『技術革新』『消費革命』『流通革命』が進行する中で、独占的巨大・大企業にますます市場をおびやかされ、資金調達の面では金融的に差別され、集中的にしわよせをうけ、いわゆる『労働力不足』ははなはだしく、巨大・大企業に良質の若年労働力を奪われている」と悲観的に描いている。だが、自営業層については、農業部門は別として、都市自営業者の強固な存立を予想している。

その存立を支える重要な要因の一つとして、大橋等は「都市自営業者が減少せずになお存続しているのは、家族員が長時間の強度の労働と低い自家労賃に耐えしのんでいるからである。それより仕方がない状態にあるからである。ただし、都市自営業層にもさらに上層と下層の二つの階層が存在する」と指摘する。すなわち、

（一）上層——「営業を守り、繁栄させたい」という基本的要求をもつ層。

（二）下層——「安定した仕事に定着して貧困から解放されたい」という要求をもち、「現在の自分の営業について、それを守り発展させるという希望・意欲を持つことすらできない」層。

大橋は都市自営業層を上層と下層に二分し、中層についての範疇を設けていないが、わたしなりに忖度すれば、そのどちらにも移行——上昇あるいは下降——する可能性をもっている層が存在するといってよいであろう。

わたし自身も中小企業、とりわけ零細層の実態調査に長期間かかわったが、大橋の階級観の現代的意義はともかくとして、その階層観にはおおむね同意できる。

従来のマルクス主義的階級観からみた零細層は、大橋のいう下層の「不完全就業」状況である停滞性をもつ存在ととらえられてきた。他方、上層については、学歴化した大規模組織では困難な「自分の腕や能力、創意工夫を発揮でき、……学歴世界とは異なった、もうひとつの世界」の担い手として認識されてきた（前掲・鄭賢淑『日本の自営業者層―階層的独自性の形成と変容―』）。

つまり、それらは大学や大学院などでの専門知識の習得などのようには技術障壁が高くなく、商店などで一定期間働けば、その経験やアイデアを生かすことができ、また、資本障壁も低く、小規模資本で開業できる小売商業――飲食店を含む――やサービス業で所得的上昇を強く望む人たちの世界であった。

この種の新規開業実態については、日本政策金融公庫（旧国民生活金融公庫）が長期間にわたり新規開業調査を続けてきた。その時系列的データをみても、新規自営業層の事業分野はかなり商業・サービス業に集中している。

しかしながら、前掲の鄭が学歴世界とは異なるとみなした自営業層の事業分野にも、高学歴化の波は波及しているのであって、技術開発分野では、とりわけ、高学歴層による創業もみられるようになっている。とすれば、「自分の腕や能力、創意工夫を発揮できる」分野としての自営業層のあり方とその現代的意義をみておく必要があろう。

これについては次章以下で取り上げたい。企業規模と学歴構造との関係は、大学などの普通教育――universal education――化、さらには現在進んでいる大学院の大衆化によっても大きく変貌してきているのである。

第四章　幸運と不幸の相関関係

幸運な結果と幸運な模倣

学歴の経済社会学は、立身出世の場である企業組織などを分析対象とする。産業や企業の栄枯盛衰の歴史や将来像をとらえる上で、人びとの立身出世観を分析視点とする学問分野があってもよいのである。

鎌田慧は『「東大経済卒」の一八年』で、いわゆる団塊の世代に属する昭和四五〔一九七〇〕年に東京大学経済学部を卒業した三三〇名余りの一八年間の歩みを丹念に追っている。そこには、国際競争力で優位に立っていた産業分野への就職（就社）者が、その恩恵を一八年間にわたって享受しつづけることが困難であったこと如実に示されている。

鎌田も記しているように、その取材には並々ならぬ苦労があった。鎌田は彼らと同級生ではないのである。同級生や同窓生でもないルポライターが本の執筆を前提として、その人たちの立身出世の姿を取材することはあまりにも個人的な生活に他人が入り込むことでもあるからだ。

鎌田の掲げた個別事例からは、学歴別の社会階層調査のようにマクロ化され抽象化された立身出世像ではなく、立身出世に一喜一憂するわたしたちと等身大の人びとの姿が伝わってくる。

わたしもまた、第一章でもふれたように、同窓会の役員を務めたことで、同窓会の名簿更新を通して大学の研究室やゼミナールという極めて狭い範囲の卒業生たちのむかしといまを追うことできた。最初は、同窓会開催などの通知発送のための面倒な作業にはウンザリしたのだが、卒業生データの整理を通じて、鎌田が記すように経済の変化が個人の生活に影響を及ぼすことを実感できた。

鎌田のように、わたしの同窓生たち――先輩たちはすでに退職して、後輩たちは中間管理職世代となってきている――の一〇年～三〇年の職業生活の歩みを追ってみると、そこには日本の産業構造の変化が大きく影を落とすと同時に、光も放っていることがわかる。

すでに述べたように、入社当時の花形産業に属した企業に就職しても、その後の産業構造の変化とともに、極端な場合には不況産業のなかの不況企業として消え去った場合もみられる。

逆に、不況分野から撤退し新たな分野へと積極果敢に進出し成功したケースや、最初は小規模の企業であっても、その産業分野が大きく成長したことによって、中堅企業へと育っていったケースもみられた。それにつれ、経営トップ層へと上向した人たちも一定数いた。企業の栄枯盛衰以上に、その属する産業分野のダイナミックな動きが、個人の立身出世へ運・不運というかたちで反映されているようでもあった。

ところで、企業と産業の関係というのは、歴史的には「結果」と「模倣」の相乗効果として働いてきたといえる。

いうまでもなく、既存組織としての企業には、それに先だって起業という個人の行為があった。どの企業であろうと創業者——単数ではなく複数の場合もある——がいるのである。創業者とは起業というかたちで自営業への第一歩を試みた人たちである。もちろん、既存企業の子会社というかたちで、最初から自営業の事業展開規模をはるかにこえた大規模な起業もある。それとて、親企業のかつての第一歩は自営業的創業であった。

そうした起業行為の先に必ずしも成功が保証されているわけではない。うまくいかず、事業から撤退を余儀なくされた起業者もいる。起業の成否は苦しい初期のころを生き抜き、事業が継続されることにある。起業の継承はやがて企業というかたちをとる。そのようにして成功企業が増加すれば、模倣行動をとる起業者たちがあらわれてくる。

起業が新しく開発された商品やサービスの分野で行われ、既存の商品やサービス体系に飽きていた人びとがこぞって新商品や新サービスを追い求めれば、市場は成長しはじめる。これはプロダクトサイクル論が示唆してきたところである。

もちろん、最初に起業した人たちのリスクの高さは相当なものであったろう。逆に、模倣行動をとる起業家たちは最初の起業家たちの悪戦苦闘から多くを学ぶことができる。つまり、ある程度の学習効果が期待できるのである。また、市場が拡大し始めることによって、起業リスクも並行的に低下する可能性も高まる。うまくやれば、後に続く起業者たちは、事業を当初からきわめて効率的に進める機会を得ることができる。

最初の起業家による幸運な結果は、同じようなあるいはそれ以上の幸運な結果を期待した模倣者を引きつける。あとに続いたそうした起業家たちの模倣行動は、さらに多くの起業家や既存の企業の参入などを招く。そのようにして、産地が形成された歴史をもつ日本の地場産業――現在はずいぶんと縮小してしまったが――も多いのである。そこにあるのは、初期起業者たちの幸運な結果とそのあとに続いた幸運な模倣者たちの軌跡という歴史である。

わたしが駆け出しの研究者のころによく調査を行った大阪南部の繊維関係、あるいは大阪市近郊、――東大阪や八尾市など――の金属製品や金属加工関係の地場産業の多くは、幸運な結果と幸運な模倣者たちの連鎖効果の結果――産業の形成――である。

たとえば、大阪南部のタオル、メリヤス、敷物などのいわゆる近代移植型の地場産業はその好事例である。タオルの場合、明治期に日本に輸入されたときは使用方法がわからず、マフラーとして利用されていたという話も伝わっている。それがやがて、従来の日本手ぬぐいにかわって浴用として定着しはじめ、さまざまな職人が輸入タオルの模倣を繰り返し国産化に挑戦していった。

興味のあるのは、タオル職人たちが、最初、日本伝統の織り技術――たとえば、京都西陣のビロード織りなど――を応用し、その後、工夫に工夫を重ね、タオルの製品化に成功していったことだ。やがて、それを模倣する職人たちが次々と参入し、日本のタオル業は新しい繊維産業の一つとして確立していった。タオル製造業の成功は大阪だけではなく、兵庫県、三重県や愛媛県などにも波及していった(*)。

＊とりわけ、大正時代に愛媛県のタオル業界の成長が著しかった。大正元［一九一二］年の生産額をみると、大阪府が約二〇二万円、愛媛県が約一一万円、三重県が約二一万円、兵庫県が約八三万円――大正二［一九一三］年の数字――であった。大正一五［一九二六］年の各県の生産額は、大阪府が約四七四万円（大正元年からの伸び率は二・四倍）、愛媛県が約二八二万円（同二六・四倍）、三重県が約一六二万円（同六・四倍）、兵庫県が約一四八万円（同一・八倍）となっていた。楫西光速他編『講座・中小企業―歴史と本質―』第一巻（有斐閣、一九六〇年）。

メリヤス（莫大小、ニット）の場合も、幕末には英国などから輸入された。本格的な普及は軍隊制度の発足により日本に洋式軍装が採用されるようになってからであった。軍隊で靴下や手袋などにメリヤスが使用され始めたのだ。軍隊という近代組織への参加によって、多くの日本人は「西洋的」製品を知るようになった。幸運な結果を期待した模倣者は、横浜の貿易商あたりからメリヤス機械を入手して、東京や大阪でメリヤス製造が始まった。

メリヤスの模倣生産は、当初、数限りないほどの失敗を生んだ。だが、そのような失敗を乗り越えようとする人たちを引きつけた。大規模な工場生産によってメリヤスの一貫製造を試みた業者もあら

すフライス盤（＊1）や研削盤（＊2）などは輸入に依存せざるを得ない状況であった。

＊1　フライス盤（ミリング）――主軸に取り付けた切削工具――フライスともいう。フライスはオランダ語で、英語ではミリングカッターと呼ばれるところからフライス盤とともにミリング盤ともいわれる――を回転させ、工作物――金属材料――を送りつつ切削する工作機である。平面削りや溝削りなどを組み合わせ複雑な形状をつくることができる。

＊2　研削盤――砥石車（グラインダー）を高速回転させ、工作物を研磨する工作機械である。工作物と砥石車の送りの仕方によって、円筒研削盤、内面研削盤、平面研削盤などの種類がある。

それでも、金属加工需要の急速な増大は、小規模工場で旋盤などの需要を高め、前述の池貝のような幸運な結果の模倣を目指して職人から独立する人たちも増加した。だが、時代はそのような模倣が必ずしも幸運な結果を保証せず、日本の工作機械業界が技術的に世界水準に追いつくにはさらに長い時間を要したである。

時代は変わりつつあり、幸運な結果は、幸運な模倣の延長上にあるとはますます限らなくなった。同様に、立身出世のルートも学校を経由するものへと変化しつつあった。自学自習の池貝庄太郎が苦労の末につくりあげた工作機械が東京内国勧業博覧会で一等賞牌を獲得し、さらに上級機器を目指すことを決心したころ、当時六年制となっていた小学校への就学率は九八％近くになっていた。

庄太郎が心血を注いだ旋盤は、やがて鈴木商店を通して英国やロシアにも輸出されるようになった。

庄太郎が日本の金属加工工場でも導入可能な価格帯を意識して開発したＧ型旋盤は、技術的にようやく世界的技術水準に追いついたものであった。それが普及し始めた大正九〔一九二〇〕年には、工業専門学校、実業補習学校などに学ぶ若者たちも多くなっていた。

庄太郎は徒弟制度で技能を獲得したが、徒弟教育は学校制度に変わられつつあった。当初、実業（工業）学校は徒弟学校などの名称でもっぱら染色、陶器、木工、漆器といった日本の在来産業に関連する技能分野を中心に設立され、やがて近代工業に関連する分野へと移行していった。こうしたなかで、庄太郎の幸運な結果は学校出の人材によってどのように継承されていったのだろうか。

経済学者の竹内常善は、広島県職工学校——明治三〇〔一八九七〕年創立、県費による日本初の徒弟学校、現在の広島市立工業高等学校——を取り上げた「広島県職工学校」で、同校機械科の学生たちによる実習製作が第五回内国勧業博覧会——大阪天王寺で開催——で二等賞牌を得たことを紹介している（豊田俊雄編『わが国産業化と実業教育』所収）。

この事実は当時の日本の機械工業水準の低さを示すのか、あるいは日本の徒弟学校の教育訓練水準の高さを示すものなのか。竹内の見解では、前者の状況、つまり、日本の技術水準そのものがいまだ低位にとどまっていたのである。それは同校の卒業生の進路状況にも表れている。

竹内は、「初期の卒業生……軍工廠、その他軍関係施設と公営企業（国鉄、八幡製鉄など）への就職者の比率が高い。……ただ初期の卒業生が同校出身の学歴だけで社会的地位を得ることが可能だったのに対し、昭和期以降の卒業生で企業経営者として成功した者には高等工業を経た者が多い」と指摘する。

軍工廠など軍需関連が多いのは、広島の軍需依存都市という特殊性の反映である。広島県のように小作比率も高く、必ずしも豊かではなかった農村社会にとって、徒弟学校が一つの社会的上昇ルートであったことは確かであり、同校の受験者や卒業生にも農家出身が多かった。

そうした若者たちは、初期の卒業生と同じような幸運な結果を望み、さまざまな模倣を行ったに違いない。立身出世ということでは、画に描いたような幸運な模倣によって成功者となった人たちもいれば、不幸な模倣によって失敗者となった人たちもいたのである。

当時の日本社会に定着しつつあった立身出世主義は、全国平均的なものとして広島県職工学校にも浸透していたであろう。竹内はこの点についてつぎのように指摘する。

「彼等の中から幾多の社会的上昇事例を引き出すのは実に容易である。……しかし多くの社会的上昇事例から日本人の立身出世主義を論じ、そのことをもって我国経済の成長活力に――ある者は通俗的礼讃をもって、またある者は神経質な白眼視を試みて――説明原理を与えようとする見解には疑問が残る。着眼すべきはむしろ、成功者となって上向する者と所在『不在』となって消えていく者との、格差の大きさという事実の方にある。」

そうした格差の大きさは、あらためて結果と模倣の間に横たわる幸運と不幸との関係の何かをわたしたちに示唆している。

立身出世主義は当初の絶対的なものから、やがて相対的なものへと変化していった。当初の学歴と結びついた幸運な結果はそれを模倣し学校へと進む者が増加するにしたがって、さらに相対的なものとなっていった。

竹内はいう。「特定の社会制度を通過した者が、特定の社会的地位に落ち着いていくという画一的保障や身分制的因果律はここにはない。その代わり、ここでは強烈な競争原理が機能しうる……卒業生の社会的軌跡の多様性についても、卒業者数の飛躍的増大、進路の画一化、社会的選択肢の狭隘化などから転換点にさしかかって」いた。

それからもうすぐ一〇〇年を経過しようとするいま、当時は多くの若者たちにとって夢のまた夢であった大学工学部への進学者の数は、当時の職工学校への進学者数以上となった。このような高学歴社会のなかで、立身出世主義を画一的に保証するルートなどはすでに揺らいでいる、と日本の若者たちは考えているのではあるまいか。

だが、そのような思考を支えているのは、日本の経済成長が達成してきた豊かさなのである。ここに豊かさの逆説がある。「立身出世などいまの時代ではつまらないことだ」とうそぶいても、うそぶけるだけの経済的基盤がわたしたちの社会に蓄積されてきたのである。

しかし、そうした思考もまた働き方の多様性というイデオロギーの下で揺らいできた。豊かさの格差があるからだ。フレキシブルな働き方であるとか、自らの時間を大切にする自由な働き方が若者たちのなかに定着してきた。だが、フレキシブルで自由な働き方は企業側の雇用打ち切りにとっても、フレキシブルで自由であったのである。

イデオロギー化した非正規雇用職の危うさが、その働き方のスタイルに内在しているのである。そして、いまや、フレキシブルで自由な働き方は不幸な生き方であったことが強調されるようになった。こうした幸福そうな働き方は多くの模倣者を引きつけたが、それが派遣切りなどの不幸な結果を招いたからだ。

教育社会学者の竹内洋は、日本のバブル経済がはじけつつあったものの、その影響がまだ深刻化しないころに『日本のメリトクラシー――構造と心性――』を発表し、定形的で画一的な立身出世主義という結果を幸運なものとしてとらえる日本の若者たちの心性を論じている。竹内は、若者たちの楽観的な高学歴化への模倣主義が揺らいできたことに警鐘を鳴らした。

日本のバブル経済の幻想は豊かさの神話を生みだし、脱落の恐怖から若者たちを解放した。従来の学校制度からの落ちこぼれに突きつけられていた「『零落の不安』が立身出世の焚きつけの発条」にはならず、「成功も失敗もドラマタイズされない」時代となった、と竹内は分析する。

しかしながら、立身出世への思いが完全に冷却したわけでもなく、日本の若者はそれを「ハプニング的」な――本人の努力には関係がない――ものととらえるようになったと竹内は指摘した。

「『ハプニング』成功観は、地位が業績や有用性と無関係になり、外見や押出し、さらには偶然によって決定されることに人々が鋭い感覚をもちはじめたことによる。……こうした……『非合理性』への敏感さは、皮肉にも業績イデオロギーが大衆的に浸透した日本においてもっとも鋭く感じられている。世界の若者意識調査には、社会で成功する要因という質問項目がある。どの国でも『個人の努力』や『個人の才能』を挙げる者が多いが、日本の特徴は『学歴』を挙げる者が各国中最も少なく、『運やチャンス』を挙げる者が五割もいることだ。これは各国のなかで最高の割合である。」

とはいえ、竹内自身は、「ハプニング」的成功観が「頑張れば必ず報われる」式のメリトクラシーの崩壊をもたらし、日本の学歴主義的立身出世観を社会から完全に葬り去ったとはとらえてはいないようだ。

むしろ、竹内は健全な野心と熱情のない空洞化したイデオロギーとしてのメリトクラシーだけが日本社会では肥大化してしまったとみる。竹内はいう。「受験レースや昇進レースはほぼすべての人を捕えマス競争社会をもたらしたが、その内実は意味と情熱を欠き、空洞化し、業績主義イデオロギーの信仰も揺らいでいる。野心と熱情なきディスタンクシオン・ゲーム(*)はいつまでもつづくだろうか……」と。

＊ディスタンクシオン――フランスの社会学者ピェール・ブルデューが展開した概念であり、上流階層出

身者の文化的趣向がそれ以外の階層と異なることである。ブルデューはその無意識的源泉を文化的資本に求めた。自らを他人と異なるようにすること、差異化と訳される。

わたし自身は、いまもかたちと対象を変えて、たとえば、大学生たちの資格取得レースや公務員合格レースのように、野心と熱情なきメリトクラシーというイデオロギーは現在もまた若者たちの間にしらけながらも続いていると思う。

有名大学の卒業と有名企業への就職が結びつけられ、その先の有名企業の内部労働市場での昇進レースというかたちに矮小化された立身出世主義は、いまもそれなりに命脈を保っている。立身出世主義の根元にあった学歴主義が、竹内のいうように、揺らぎ空洞化し、情熱なきレースとなっているとすれば、本当に、それはわたしたちの社会の豊かさを背景にしているのだろうか。

若者たちがそうしたレースに参加せずとも、豊かさから脱落することもなく、零落する不安から逃れ、自由に豊かさを達成できるのかどうか。会社内のささやかな昇進レースに矮小化された立身出世主義は、たしかに明治初期の大言壮語的な立身出世主義とは大きく異なる。それはむしろささやかなるゆえに、若者たちに自己責任のかたちで立身出世を処理することを迫り、自己責任で処理しきれなくなった若者たちから再挑戦の意欲を奪っているのではないだろうか。

立身出世とは自己責任という意味で個人的である半面、それは次節でもふれるように、とりわけ、産業の変遷に大きく関わるのである。立身出世史と産業史はときに見事なまでに重なり合う。立身出世は自己責任以上に運不運の結果であるのだ。

不幸な結果と幸運な模倣

もうしばらく、産業史論を続ける。日本の毛布づくりはタオルなどと同様に、古くから木綿織の産地としての長い歴史をもつ大阪南部で模倣され、試行錯誤された。明治期、真田織の職人たちなどが松方デフレの影響で大きな転機に立たされたのを契機に、牛毛を原料として——日本では羊毛の入手が困難であったがために——洋服地の生産に乗り出した。それは、商品化できないままに失敗を重ねる結果となる。

だが、失敗の連続という不幸な結果が幸運な模倣者を引きつけていくことになる。牛毛布は洋服地としては粗い肌触りと牛毛のもつ臭気のために不適格であり、当時の人たちにとってもお世辞にも評判が良いとはいえなかったようだ。仕方なく、牛毛布は膝かけ——当時はダンダラ毛布と呼ばれた——としての使い道が考えられた。

その後、毛布職人たちは輸入毛布に対抗するために柄織りを試みた。その場合に、京都西陣などの技術が応用されたことは、タオルと同様に日本の職人たちが長年にわたって蓄積してきた手工業的——家内工業的——技術の発展を考えていく上で、興味ある事実を提供してくれている。

はじめ、毛布の市場は人力車の膝かけに使用されるなど一部にとどまった。だが、大阪での綿紡績の発展によって綿糸を利用した綿毛布が考案され、日清戦争を契機に、中国市場などへの輸出を図る企業家が市場拡大に成功した。そのことが、多くの模倣的参入者を毛布業界に引きつけた。(*)

＊日本の中国などへの綿毛布輸出額は明治二九〔一八九六〕年の約一二万円から昭和八〔一九三三〕年の約三六六万円へと三一倍の伸びとなった。上田達三『産業構造の転換と中小企業―大阪における先駆的展開―』(関西大学出版会、一九九二年)。

わたしは、大阪南部の老舗業者に初期のころの貴重な毛布を触らせてもらったことがある。その品質は決して低いものとは感じられず、職人技のすばらしさに感服した。

古くから繊維産地として技術や感性を蓄積して来たような地域では、当初の取り組みが不幸な結果であったとしても、やがて幸運な模倣に転じることが多いのだ。悪戦苦闘の末の成功がさまざまな事業家による挑戦を呼び起こし、一つの地域産業となっていった産業成功史の姿がそこにある。

同様な事例は、産業化を象徴した輸送用機器にも見出すことができよう。いまでは世界的企業となったトヨタでさえ、当初は不幸な模倣が不幸な結果しか生み出せないジレンマの連続であったことはよく知られている。海上交通と水上交通が発達したものの、道路整備などが立ち遅れた日本にとって、自動車よりも自転車の国産化が先行したことは当然であった。

そこで、自動車のまえにまず自転車の場合をみておこう。輸入された完成自転車に関心を示した人たちは、その後、部品や付属品を輸入しそれらを組み立てるようになり、やがて部品などを模倣する業者が明治二〇年代に現われてきた。

明治四〇年代ころには、文明開化のモデル都市となった東京だけではなく、工業化のモデル都市となっていた大阪でも業者が増えた。自転車のリム――タイヤをはめ込む車輪環状部分――などは外国でも当初は木工技術の上に成立し、のちに鉄に切り替わっていった。鉄の加工職人が大きな役割を果たしたのだ。日本でも、鉄砲や打刃物が古くから発展してきた堺で、金属加工の技術が自転車部品に応用されていった理由がわかる。

そうした自転車業界でわたしたちの興味を引くのは、堺の鉄砲鍛冶などの出自をもつ職人たちではなく、長い歴史をもつ木工産地であった石川県の山中漆器の職人の新家熊吉（一八六四～一九二一）の場合である。

熊吉は、明治三五［一九〇二］年、横浜港に輸入されていた自転車の木製リム――当時輸入されていた英米製の自転車も、当初はリムやフレームなどは木製であった――を偶然見かけて、自分のもっている木工技術を自転車のリムづくりに生かせないかと思ったという。この偶然が自転車業界への参入につながった。熊吉は何度も模倣と失敗を繰り返しながらも、幸運な結果を求めたのである。

熊吉が新家《アラヤ》商会を設立し、故郷の山中で大阪から雇い入れた職人と地元の職人たちとリムづくりをはじめたのはその翌年であった。だが、やがて木製リムから鉄製リムへと外国製自転車が転換していくにつれ、熊吉は単なる模倣が不幸な結果をもたらすことに気づいた。自転車業界にも素材革命が及び始めていたのである。

熊吉は大正二[一九一三]年に思い切って、長男三代治を連れ、英国の機械金属産業の中心地バーミンガムに出かけた。熊吉は三代治を技術習得のためにバーミンガムに残し、鉄製リムの製造機械を購入し帰国した。その後、木工技術から金属加工技術への転換は悪戦苦闘であったものの、親子で鉄製リムの生産を成功させていくことになる。

そして、二代目熊吉を継いだ三代治等はそれまで日本では技術的に製造が困難であり、輸入に依存していたチェーンの国産化に宮田製作所や丸石商会などと協力して乗り出すことになる。初代熊吉の高い木工技術が初期の木製リム生産を可能にさせ、金属加工への取り組みは次世代へと託された。そうした時間的経緯のなかで、日本の自転車づくりが達成されていくことになる。

日本の自転車産業が大きな飛躍を遂げるのは、第一次世界大戦によって戦場と化した欧州諸国では海外輸出が困難になった結果、中国などアジア諸国への日本製自転車の輸出が急増したことに加え、日本においても自転車が手軽な輸送手段として定着したことによる。そうした市場の拡大が一層多くの模倣的業者の参入——問屋の支配下におかれたが——をもたらした。大正後期から昭和にかけて大阪の自転車業界が伸長したのは、関東大震災で東京の自転車業者が大きな打撃を受けたことにもよる。

日本で自転車業界が大きな成長をとげていた大正一〇[一九二一]年の部品統計をみると、フレームが約一一万台、フリーホイルが約二四万個生産されていた。他方、この年の日本への自動車の輸入は

一、〇〇〇台少しであった。当時、日本では自動車は国産化されておらず、また、道路などの整備がおくれていた日本にとって、自動車よりも自転車のほうが輸送手段としてははるかに安価で便利であったためである。

　そうした日本へ、米国の自動車メーカーのフォード[*1]が自動車部品を持ち込み、自動車のノックダウン生産——組立のみ——を行ったのが大正一五[一九二六]年であった。その年には、三四三七台という自動車組立て台数の記録が残っている。その三年後に、ゼネラル・モーターズ[*2]も日本市場に参入し、五六三五台の組立生産を行った。

＊1　フォード自動車——米国の裕福な農場に生まれ、機械技師となったヘンリー・フォード（一八六三〜一九四七）が一八九二年に二気筒内燃機関をもつ自動車をつくり、一九〇三年にフォード自動車を設立した。大量生産によってコストダウンをはかり、米国の大衆自動車市場を開拓した。

＊2　ゼネラル・モーター——一九〇八年、W・C・デュラント（一八六一〜一九四七）が設立した。勃興期にあった米国自動車メーカー二〇数社を買収して、フォードの大衆車T型に対抗して頻繁なモデルチェンジを行い、一九二七年以降、フォードを大きく引き離していった。

以降、日本のモータリゼーションは徐々に加速化されていった。そうした状況のなかで、昭和四[一九二九]年、商工省は国産化政策に取り組み始めた。この年、フォードなどのノックダウン数は三万台近くに達していた。政府は自動車生産への参入者に対して奨励金によるインセンティブを与えることを決定した。

だが、そこには資金の問題以上に技術の障壁という問題があった。米国製自動車の単なる模倣生産が不幸な結果をもたらすことが予想されていたのである。そうしたなかで、静岡県の大工の家に生まれ、手織織機の改良からのちに自動織機を完成させ、日本の繊維機械工業の確立に不朽の業績を残した豊田佐吉(一八六七～一九三〇)の長男であった喜一郎(一八九四～一九五二)は国産化に乗り出した。

東京大学の工学部で機械工学を専攻した喜一郎は、繊維機械の海外視察に出掛けたときに世界的なモータリゼーションの急速な進展に気づいた。喜一郎が、いまでいうリバースエンジニアリング――輸入機械などを分解して研究すること――によって自動車用小型エンジンの試作からはじめ、豊田自動織機製作所に自動車部を設けたのは昭和八[一九三三]年――トヨタ自動車工業の設立は昭和一二[一九三七]年――のことであった。

同じ東京大学工学部卒で芝浦製作所を経て、戸畑鋳物や日本産業などを率いていた鮎川義介(一八八〇～一九六七)が自動車製造業株式会社を創設して自動車生産に乗り出したのもこの年であった。当時としては、数少ない高学歴技術者の二人が先端技術分野であった自動車生産に乗り出した。

国土の広大な米国が急速なモータリゼーションを背景に民間主導で発展したのに比べて、ドイツや日本などの自動車産業は国策事業――軍用車両など軍需も含め――であり、そのため幸運な模倣が不幸な結果をもたらすことが回避された。

結果的には、日本の自動車産業は戦前に軍需工業としての性格を強め、本格的な乗用車生産は二輪車のホンダや三輪トラックのマツダなどの参入とともに、戦後の本格的なモータリゼーションの時代に持ち越されることになる。

このようにしてみると、毛布をはじめ、自転車や自動車といった日本にとっての新たな産業は、多くの事業家が不幸な結果を回避しつつ成功を夢見た幸運な模倣からはじまったことが理解されよう。そうした取り組みは日本のさまざまな地域でいまに至るまで繰り返されてきたのであって、その過程で、それぞれの地域に豊かな企業文化や産業文化が、蓄積されてきているのである。

新たなことへの取り組みを許容する地域企業文化は、先にみた結果と模倣、幸運と不幸のマトリックスのなかで形成され、模倣から創造へと踏み出そうという技術者や事業家、さらには起業家によって一層豊かなものになっていった。

そうした試みはつねに順風満帆な歩みであったのではなく、むしろ悪戦苦闘の連続であった。新たな産業の確立へ取り組んだ挑戦者たちが、幸運な結果だけではなく、むしろ不幸な結果をも直視しつつ、幸運な模倣などによって乗り越えていった歴史そのものなのである。彼らへの畏敬の念がなければ、豊かな企業文化などは花咲くことはないのである。

ところで、日本各地を歩き回り記録することを職業のようにして、消え去りつつあった日本の地域文化を記録した、日本民俗学の偉大な草分けの一人である宮本常一（一九〇七〜八二）は、自らの原点となった故郷の山口県周防大島の祖父以来の歩みを『家郷の訓』で紹介している。

多くの人たちにとって山口県の小さな村は、半農半漁というイメージだけかもしれないが、そこには人びとのたゆまない歩みがあった。そして、常一の父であった善十郎の一生は、この小さな島の産業史そのものでもあった。

常一は父について、「百姓では到底頭があがらぬと思って綿屋になろうとした。そして綿くりや綿打をならった。しかしこれは舶来綿がくるようになってたちまち駄目になった。そこで紺屋になろうとして広島に出たが、そういうものも明治の中期からはやはり衰えてきた」と記している。

善十郎は、その後、島の多くの若者たちと同様に海外へ出稼ぎに出たが、身体を壊して帰郷し、煉瓦工を目指したが、うまくいかず、結局、故郷で山林を開墾して桑園とし現金収入に結びつきやすい養蚕――生糸づくり――、さらには柑橘類の栽培へ乗り出した。瀬戸内海に点在する多くの島々にも同様の歴史がある。

都市と比べて一見停滞的とみえた山口県の小さな島の農村でさえ、新しい農作物の栽培や、かつて自家消費用の織物の外販が試みられ、また、男であれば大工として都市へと出稼ぎ、女であれば農村のいわゆる農作奉公から都市での女中奉公――後には女工として――へと出かけ、都市の生活などが農村へと伝えられていった。

明治半ばから日本で勃興してくる立身出世主義は、例外的な成功だけを取り上げ、あるいは、幸運な結果としての成功を針小棒大させ、ごく普通の人たちのたゆまぬ努力と平凡な成功を歴史の彼方へと追いやった。

だが、常一にとっては、地域の人びとの新たな産業などへの取り組み、その幸運と不幸の相関関係のなかにこそ人びとの生きた歴史があったのである。日本各地に残る産業形成史もまた、個々人の立身出世の栄枯盛衰を包み込んだ歴史なのである。

第五章　垂直と水平の社会構造

垂直の社会組織と社会構造

日本の企業内昇進システムの特徴は、よく耳にする「同期」ということばにほぼ集約できる。ただし、同期ということばが一定の有効性をもつゆえに、頻繁に使われてきたのは大規模組織においてである。雇用形態が外部とつながっておらず、独自性をもつ内部労働市場が優位を占める組織においてのみ、同期ということばが頻繁に使われてきた。

大量の定期採用をおこない、ピラミッド型の階層的組織を維持してきた役所や中堅規模以上の企業などがその典型である。そこでの昇進システムは内部労働市場のトーナメント方式である。それは入社時から考課の積み重ねで同期などの集団内の競争を通じて長期にわたって実行される。原則として外部から中間管理層やトップ層が登用されることは、経営危機など破たん時のときを除いて誠に少ない。

そうした内部労働市場的な環境の下では、組織内の出世は、同期との比較、あるいは昇進レースで先行する前世代もしくは、後につづく次世代との比較において意識される。そこでは、「同期」と同時に、「年次」という考え方――たとえば、〇〇年次採用というように――も大きな意味をもつ。

中小企業などの小さな組織で働く人たちのなかで同期意識が低いのは、それほど多くの人が一時期に採用されることはないからだ。また、中途採用などで入社してくる場合も多い。そのような中途採用者には多種多様な経歴や経験をもつ人たちもいて、新規学卒のように年齢や学歴など明確な基準がなく、いったい誰が同期であるのかわからない。

この種の同期意識が生まれた背景には、日本の組織、とりわけ大企業や役所など大規模組織での人事採用と昇進・昇格にかかわる制度の定着があった。前掲の竹内洋は『日本のメリトクラシー――構造と心性――』で企業内部労働市場に撞着した日本の昇進システムを新規学卒同時採用者の「ともぞろえ」昇進――元来は、政治学者の伊藤大一などが日本的官僚制をとらえた概念――ととらえた。

竹内は、具体的な事例として、大手金融保険会社の昭和四一〔一九六六〕年入社グループと昭和五〇〔一九七五〕年入社グループの昇進ケースを取り上げ、実証を試みている。彼らは戦後ベビーブームの時期に生まれ、高学歴化の先頭集団であり、日本の高度経済成長と共に成長していった世代である。

当時の日本の企業の、平均的な昇進制度は、金融保険会社に限らず、一般社員――平社員――から始まり、主任――主事――、係長、課長――あるいはその前に課長代理――、次長、部長などに格付けされていた。

日本の一定規模以上の会社で働いた経験をもつ人たちなら察しがつくと思うが、もっとも仕事をさせられる課長職には二つのタイプがある。一つはラインとしての意思決定を行う課――たとえば、販売課、製造課、品質管理課など――の責任者＝課長である。もう一つは職位――スタッフ――としての課長、いわゆる課長担当職であり、たとえば、調査役などの名前でよばれる。

竹内は金融保険会社――わたしが勤めていた製造分野も同じような組織形態であった――について、高度経済成長後期の昭和四一年と石油危機からすこし落ち着いた昭和五〇年――わたしの世代――に入社した大学新卒の「キャリアパス」を追った上で、つぎのように分析結果を紹介する。

「日本の大企業は、入社して一定の期間は、同期入社の者にはほとんど差をつけない……入社後五～八年は昇進差がほとんどないというのが、多くの日本企業の人事の仕組みである。日本企業は相当長期にわたってすぐれた者を選ぶという意味での選抜をやらないというように一般化できる。」

竹内はゆっくりとしたそのような昇進制度を「ともぞろえ」方式とした。「ともぞろえ」方式は官僚制と同じである。大規模組織の大企業の場合は民間なので、民僚制度といってもよい。この制度の下ではある時期まで、同期＝同年次採用者が一斉に同じように昇進する。それがある時期以降、たとえば、課長あるいは課長級に昇進する時期が徐々に異なっていく。

同期採用者は当然ながら昇進スピードに敏感になる。若くして昇進スピードが異なれば、昇進「レース」への参加を早々とあきらめる同期採用者が現れる可能性も大いにある。

比喩的にいえば、わたしたちがテレビ観戦で親しんできたマラソンなどの場合、最後まで混戦レースが展開されれば、とりわけ、普段ハイペースの選手たちはともかくとして、普段スローペースの選手たちの完走タイムが縮まり、好タイムとなる。他方、最初の区間で何人かの選手がペースを上げて一挙に抜け出て早々と先頭集団を形成した場合、レース展開の行方が定まってしまう。その場合、後ろを走る選手たちのタイムは伸びないものである。同じことは企業内昇進レースでもいえる。

同期入社の者がすべて課長や部長、さらにその先の役員になれるはずは元来ないのである。トーナメント方式では、ポストは必然限られている。では、トーナメント方式をとる組織で最後まで「落伍者」を出さない方式とはいかなるものであろうか。

まず考え付くのは、課長職や部長職の大盤振る舞いである。次は職位――要するに○○級や○○処遇――としての課長「級」や部長「級」の大盤振る舞いである。

日本企業において、たしかに高度成長期にそのような傾向があった。パーキンソンの法則(*)よろしく企業の成長以上にポストの数は増加した。しかし、いうまでもなく、それは無限大に膨張しえない。その後、日本企業は乱発させた課長級の費用負担に苦しんだ。

＊パーキンソンの法則――英国の政治学者シリル・パーキンソンは自らの海軍省での経験から、組織の膨張とポストとの関係を法則化させた。詳細はつぎの拙著を参照。寺岡寛『逆説の経営学―成功・失敗・革新―』（税務経理協会、二〇〇七年）。

では、昇進トーナメントから敗者や落伍者を出さず、すべての人たちに勝者となりうる可能性――「俺ももうすこし頑張れば、なんとか課長などになれそうだ」――を意識させ、最後まで「完走」させるにはどうすればよいのか。一つの試みとして、スポーツ競技と同様に、敗者復活戦のような昇進制度――たとえば、多少は遅れても課長になれる――が設定される必要がある。

あるいは、すでに昇進しその地位に一定期間とどまった人たちを子会社や関係会社などへ職名を高めて――たとえば、親企業では課長であるが、子会社では部長――出向あるいは転籍させるやり方である。わたしはこれを「回転ドア」方式と呼んでいる。または、課長などの限られたポストに就けなかったとしても、小刻みに昇給させ、昇進への余熱を保たせ、つぎの機会に備えさせることである。

竹内はこうした同期入社・同時昇進型トーナメント方式について「再加熱にも巧妙な装置である。たしかにすでにみたように日本企業は長期にわたって決定的な選抜をしない。同期同時昇進は時間差昇進にみられるように昇進の数年の早い遅いなどの差である。このような僅少な差は従業員に正確に認知されなければ、加熱の誘因にならない。ところが、日本企業の雇用慣行は新規大卒同時期採用方式だから、同じ時期に入社した者は同期集団をなし、……このことが僅少な昇進差の正確な認知を可能にさせる」と説明を加える。

ここでいう昇進差の正確な認知とは、いま自分がだれと比べて遅れているのか、あるいは進んでいるのかの基準への認識のことである。同期という意識が自然にあれば、年次という意識も自然に定着する。すなわち日本企業において、「四月一日付の新卒一斉入社」という同期入社方式がもっともコストのかからないやり方なのである。

それを象徴するのが、四月一日に新聞記事の写真やテレビのニュース番組で流される入社式である。日本の大学生や高校生は、会社には四月一日にずらっと並んで一斉に入社するものであると刷り込まれる。

それに加え、「ともぞろえ」方式が有効に作用してきたのは、単に「大卒ホワイトカラーだけではなく、ほぼ全員に競争意識があることだ。……ノン・エリートにもかなりの競争意識があり、頑張るのが特徴である」からである。この点こそが、わたしの興味を引く。それは、日本の企業内労働市場＝内部労働市場を支える社会組織とその背後にある社会構造はいったい何であろうという問いへとわたしたちを導く。

さて、「ともぞろえ」方式が有効であるとしても、ポストが限られている以上、敗者は出てくるのである。そのために、敗者のやるせない気持に対するなんらかの冷却装置が必要となる。それはノン・エリートだけではなく、エリートで昇進が遅くなった高学歴者にとってはなおさらである。

そうした冷却装置には社内限定版と社外共通版の二つがあるように思える。社内版ということでは、特効薬は昇進遅参組からの抜擢人事というやり方がある。課長昇進が遅れたグループからもっとも早い部長への昇進者が抜擢されることは昇進遅参組を大いに勇気づけ、やる気を引き出すに違いない。

だが、このやり方は特効薬であっても、恒常化させることは困難である。カンフル剤という特効薬を定期的に投与すれば、私たちの身体がもたないのと同様である。乱発すれば、すでに課長などに昇進しているグループのやる気を削ぐことは必至である。また、昇進遅参組にいつもその上位管理層にふさわしい能力をもった人たちがいるとは必ずしも限らないのである。

そこで、社外共通版ともいえる立身出世に対する社会的装置、つまり、立身出世の冷却装置としての社会的規範が必要となる。これにも大きくいって、二つある。

一つめは、前章で紹介した「修養」論的社会的規範である。人の価値は単に企業内の立身出世である役職者への登用だけで判断される単層的なものではけっしてなく、家族生活や社会奉仕あるいは趣味など多層的ものであるという社会的規範の意識である。人生とは仕事だけ、ましてや組織内の立身出世だけではなく、家族との生活や趣味に生きることも大事なのである、という割り切りとその社会的認知である。

二つめは、趣味や社会奉仕も大事だが、やはり大事なのは仕事だ、それには、思い切ってそのような社内的序列観の世界から外へと飛び出して、自らの才覚と実力で人生を切り開いていくべきだという社会的規範の意識である。これにはさらに二つのやり方がある。一つめは既存組織への転職である。二つめは自ら企業を起こすこと、つまり、起業というやり方である。

そして、これらのやり方が、決して垂直的組織における敗者の知恵と方法ではなく、社会的にきわめて健全であると正当化されるには、わたしたちの社会に水平の社会組織があり、それを是認する社会構造——したがって、転職や起業を良しとする社会規範——がなければならないのだ。つぎにこの点にふれておく必要があろう。

水平の社会組織と社会構造

垂直的な社会組織が階層的な社会構造であるとすれば、水平的な社会組織とは平等的な社会構造ということになる。

前者の垂直的な社会組織を支えるのが内部労働市場に特化した企業内昇進システムであることはすでにみた。だが、それだけで垂直的な社会組織を優位におく社会構造は定着しない。そのためには、垂直的な社会組織を外延的に取り囲んだ階層的関係をもつ社会構造が必要となる。たとえば、大企業優位とされる社会構造は、大企業とは大きな格差をもつ中小企業の存在に依拠し、その格差なるもの——給与などの労働条件だけではなく、きわめて可視的な対象としての建物の違いやテレビコマーシャルなどへの会社名の登場など——が認識される必要がある。親企業・下請企業関係もそれを強化することになる。

他方、水平的な社会組織とは開かれた労働市場をもつ社会構造を必要とする。開かれた労働市場とは、従来のような、新卒者を対象に若くして一旦就社すると、それ以降社外に出るのも社外から社内に入るのも困難である内部労働市場とは大きく異なる。

それは、長期間働くことで得るものも大きいかわりに、失うものも大きい閉じられた内部労働市場とは異なり、入るのも自由であるが、出るのも自由であるような外部労働市場である。その出入りは自分で決定できる反面、雇用者側が自由に決定もできる。社外工などのことばはそうした社会組織と社会構造の相関関係を象徴している。

「就職」とは、いうまでもなく自らが望む職種を選択することなのである。それは「就社」のように、自らの職種を会社に全面的にゆだねることではない。本来、就職とは、自分たちが望む職種と労働条件を提示して、採用する会社側とそうした要望が実現可能かどうかを交渉し、相互合意されるべき雇用条件をめぐり活動した結果なのである。それが日本の企業社会の場合、きわめてあいまいである。

多数の転職経験をもつ山崎元は、大学卒業後、最初に勤めた総合商社で輸出為替に興味をもち、ディーラー職にとどまることを望んだ。だが、それが許されないことが分かり、ディーラーという職種にこだわった結果、その後一一回の転職を経験した。

山崎は『僕はこうやって一一回転職に成功した』で、最初の就職先であった三菱商事を去った当時を、「一九八〇年代にあって、三菱商事に入ることは、生涯を通じてそこそこ以上の人生を約束されることのように思われていた。同期入社の社員には、入社の時点で、三菱商事に入ったことで人生の目標を達成したような安心感を漂わせている者もいた。これを捨てるには、それなりに勇気が必要だった。……身近に転職した人がいなかったこともあり、自分で考えざるをえなかった」と振り返って、その後の多数にわたった転職経験を通して日本の企業文化に分析を加えている。

最初の商社勤務のあと、山崎は投信会社に就職したが、為替ディーリングの知識が生かせるファンドマネジャーから生命保険会社の資産運用担当者へと配置転換された。そこで、山崎は日本の会社員の専門性の低さを嘆く。と同時に、転職希望者には「転職の際のやりとりで会社の人間と対等の立場に立てないような人物はその後も大したことはできない」と助言も残している。

山崎は資産運用という職種にこだわり、彼の著書名にもあるように、その後に八回近く転職し、彼のことばでいえば、最終的には複数の仕事をもつマルチ勤務あるいは半フリーの専門家として、コンサルタント会社や銀行系研究所で働いている。

日本の企業社会をタテ――垂直――ではなく、ヨコ――水平――に歩いた山崎の転職体験から伝わってくる、日本の企業文化――結論として、垂直的企業文化となる――をわたしなりに整理しておく。

（一）　親会社と子会社との関係――親会社から子会社などへ転籍してくる人たちに色濃く残るある種の敗北感としての階層序列観。

（二）　専門職が生まれないジェネラリスト（なんでも屋）尊重の企業内文化――資産運用の専門家

集団であるはずの企業においても、専門性をもった社員が育ちにくい日本の企業内昇進制度。

（三）企業倒産などにより意図せずして転職を迫られた場合の対処——山崎は山一證券の時にいわゆるリストラを経験したが、職を失った山一證券の元社員については専門家のほうがはるかに転職面で容易であったことから、管理部門のジェネラリストのあり方が再考されるべきとされる。

山崎は転職経験によって、こうした日本の企業文化をより深く真剣に考えるようになったとつぎのように結論づけている。

「一口に企業の文化といえるものではないが、一度転職すると、企業の中にある価値観が世間の価値観と必ずしも一致しないことが実感として分かるようになる。……普通のサラリーマンの場合、……別の会社に移っても何とかやっていけるし、もちろん筆者が辞めて会社がひどく困るとか大きく変わるということもない。結局、『会社に勤める』ということは、人間の集まりに入ることなのだ、と理解しておくとスッキリする。（中略）一般に転職で得られる、そして筆者自身が得てきた最大のものは、突き詰めると『自由』だ。それは、筆者の場合、より好ましいと思う仕事の仕方を自分で選ぶ自由でもあったし、自分が『正しい』、『伝えたい』と思うことを他人に伝える発言の自由であった。……転職することは……万人に必要というものでもないが、『転職』できないということは著しく不自由だ。」

山崎ほどの多数の転職経験はないが、それでも二回ほどの転職――民間企業→地方自治体（中央官庁などへの出向を含む）→大学という「産官学」の横断的転職――を経験したわたしにとっても、山崎の指摘に首肯できる部分は多いのである。

同じ組織に所属し続け「同期」や「年次」という企業内文化にどっぷりとつかりきり、プラトンのいう洞窟の男(*)のようになってしまえば、自分が住む環境が世界のすべてであると思い込みがちになる。そうした暗黙知的社会に住んでいる人たちは、ややもすれば、洞窟――社内――という、外部世界から隔離された狭い世界に住むことすら忘れてしまうようになる。

＊洞窟の男――古代ギリシアの哲学者プラトン（紀元前四二七～三四七）は『国家』で、比喩として、生まれながらにして洞窟に閉じ込め縛られた囚人を、頭の後ろに燃える火が映し出した自らの影におびえる存在として描いた。ここでいう囚人とは教育、世間体、マスコミの報道などに翻弄されるわたしたちの存在である。プラトンは暗い洞窟のなかで火が映し出した自らの影ではなく、洞窟の外にでて太陽の光の中で自分自身を見ることを重視した。詳しくはつぎの拙著を参照。寺岡寛『起業教育論―起業教育プログラムの実践―』（信山社、二〇〇七年）。

では、ある種閉鎖的で垂直的な社会組織が相対的に優位を占めてきた――非正規雇用職の拡大で明らかに緩んできつつあるが――社会構造をもつ日本のような企業社会で、転職メカニズムはどのようなものであろうか。

いったい、日本の転職メカニズムはどのような企業文化のなかでどのように促進され、あるいは抑制され、そしてそれらの結果としてどのようなかたちをとってきたのであろうか。そうした転職メカニズムこそが、日本の企業文化を知る上で有益な手がかりを提供してくれるに違いない。

日本の転職メカニズムを取り上げる前に、まず、日本社会においてなぜ人びとは転職しようとするのか、その動機についてふれておく必要がある。一般に、転職の動機は「所得」と「仕事」とのマトリックス関係で表わすことができよう。

「所得」は収入の多寡であり、数量的＝金銭的なものでもっともわかりやすい基準である。他方、「仕事」とは職種による満足度や生きがいであるとか、自己実現度であったりする。それはいわば質的かつ個人的な価値観とそれを取り巻く社会的価値観に密接に結びついたものであり、数字で表せる所得基準と比べて必ずしも外部者には明確なものではない。それは所得とは対照的にもっともわかりにくい基準に依っている。

そうした所得と仕事の関係から転職の動機を単純化させれば、つぎの二つの転職のモデルが想定できる。わたしの同窓生やゼミナール卒業生などの転職経験者への調査でも、事実上、この二つのモデルが有効である

（一）所得優先型転職——なによりも収入の多寡で職種、職業、組織の選択を優先させる考え方である。

（二）　自己実現型転職――収入よりも自らのやりがいや生きがいを充たしうる職種、職業、組織の選択を優先させる考え方である。ただし、直接的な自己実現とは必ずしもいえないが、両親の健康問題など家庭の事情で転職せざるをえなかった転職などは、その根底に親孝行という価値観を重視する考え方の自己実現があることから、この範疇に入れておく。

所得と自己実現が現実の労働市場において、正の相関関係をもつことが必ずしも保証されているわけではない。それゆえに、人びとは所得と自己実現の間を揺れ動きながら職種、職業、組織の選択を行うのである。楽しくはないが、収入が比較的良い（＊）から何とか定年まで勤め上げ、あとは好きなことをしようという現実的選択、あるいは、収入的にはそんなに恵まれないが、好きな仕事で毎日楽しくストレスが少ないことを感謝する現実的選択などである。

＊所得の多寡に絶対的基準があるわけではない。それはあくまでもさまざまな業種や企業の所得などと比較した上での相対的な基準である。つまり、人びとの所得水準への意識の根底には機会費用としての考え方がある。

それでも、転職する人たちが一定数存在してきたことは、「所得」と「自己実現」の間を揺れ動き、なおかつ、「所得」という動機を実現したいと考える人たちが存在すること、あるいは「自己実現」を望む人たちがいることを示している。または、失職したものの、「所得」を再度望む人たちがいること、あるいは、それゆえに今度は「自己実現」を選択しようという人たちがいることになる。

日本の転職メカニズムの特徴は、厚生労働省の『雇用動向調査』などからみるかぎり、大企業から大企業へという移動——大企業からその子会社や関連会社への出向や転籍をここで含めないでおく——は一部の専門職などを除いて少ないのである。つまり、大企業から中小企業へ、中小企業から中小企業へという移動が主流となっている。また、転職前と転職後の業種との関係では、同業種から同業種へと移動する人たちは必ずしも多くなく、むしろ異業種間移動が多い。

転職前と転職後との所得変化については、一部の技術系の高級専門職や若い層を除いて、中高年層になればなるほど、所得は低下している人たちが多い。このことは、自ら望んだ転職ではなく、いわゆるリストラされた結果、止むを得ず転職を迫られた人たちの存在を浮かび上がらせる。とくに、調査時点が不況期であれば、そうしたリストラ型転職が多くなる。

もし、個人の能力が転職前と転職後によって大きく変化していないと仮定すれば、本来、転職後の所得水準の増減はそう生じないはずである。だが、現実に所得の減少がみられることは、産業間、業種間、職種間、企業規模間の一般的格差が転職にも大きく影響を与えたとみてよい。

労働経済学者の玄田有史は「リストラ中高年の行方」で中高年層のリストラ型転職について、前掲『雇用動向調査』の分析から、「会社都合で離職した中高年男性が、転職によって処遇を悪化させないためには、半年以内に同一産業・同一職種に転職することが重要なことを統計的に改めて確認できる」と述べ、転職ルートのあり方に着目する（玄田有史・中田喜文編『リストラと転職のメカニズム—労働移動の経済学――』所収)。

そして、転職ルートには「職場以外の友人・知人の存在が大きい」にもかかわらず、この分析の対象期間となったバブル経済崩壊後のいわゆる「失われた一〇年」の後半時期において、「転職期間の短縮と同一職業への転職に有利な人的ネットワークを活用する割合が急減し」たと指摘し、「人的ネットワークの活用は、とくに中小企業からの転職にとって主要な経路であり……リストラ中高年の再就職やいっそう激しいものとなること」を予想した。

要するに、素早く有利な転職には社外のネットワーク的人脈が有効であるにもかかわらず、中高年は社外に人脈をもっていないために、解雇されれば、非常に不利なかたちでの転職を強いられるというわけである。

いうまでもなく、転職市場は好不況の影響を短期的に受けやすい。玄田の予想はその後の景気回復のなかで必ずしも全面的には当たらなかったが、米国のサブプライムの破たんで大不況に陥った世界経済の動向によって、再び同種の問題が浮上してきた。

ところで、バブル経済崩壊後の景気拡大期においても、転職後の雇用形態や雇用条件は、従来のような正規雇用型転職ではなく、非正規雇用というかたちでの転職となったことに留意しておく必要がある。

玄田は「個人がどんなに能力開発に努力したとしても、適切な人的ネットワークをもたない限り、訓練は再就職にさほど効果をもたないこと」を主張した。だが、垂直的組織内の内部労働市場が発達し、外部労働市場を巻き込んだ水平的な関係としての社会構造がさほど形成されなかった日本型の企業社会で、「適切なネットワーク」とはいったい何を意味するのだろうか。

その意味をふまえた上で、垂直的社会組織のなかで、わたしたちはどのような水平的な行動をとることができるのかが問われることになる。

玄田等の研究において、中高年の転職の困難さが指摘されたが、そこには日本における労働市場のあり方、とりわけ「失業行動」の構造が反映されているに違いない。労働経済学者の水野朝夫は『日本の失業構造』で、日本の失業率が他国と比べて低位にとどまったバブル期あたりまでの失業構造のかたちをつぎのように指摘する。

「もし、わが国の労働市場が比較的に少数の労働者グループに失業を集中させるメカニズムを有しているなら、あるいは平均失業率が低くとも、いったん失業すると失業者のプールから離脱することがきわめて困難であるなら、……アメリカと異なって、わが国では労働者が失業する確率は低いけれども、いったん失業すると失業期間が長くなる傾向があり、失業が労働者の経済福祉に及ぼす影響も大いに相異しそうである。」

日本の失業率は世界的にみて低位にとどまり続けた。だが、「いったん失業すると失業期間が長くなる」傾向には大きな変化がない。長期失業者の問題は、欧州諸国では技能などの蓄積をもたない若年労働者に顕著であり、その対応策が探られてきた。他方、日本では若年労働者よりもむしろ中高年の長期失業問題の方が深刻化した。

とはいえ、現在は若年労働者の雇用の不安定化という問題もある。とくに、この問題に関しては、派遣労働制度の導入で、非正規雇用というかたちでの就労の比重が高まったことが関係している。いずれにせよ、その種の雇用はきわめて不安定であり、再度、不況局面で長期の失業を強いられる可能性が高いのである。加えて、長期失業問題は、欧州社会では日本より先行して起きたために、そうした状況を支える福祉制度の整備がなされてきた。この点で日本は大きく遅れている。

さて、失業率を低位にとどめてきた内部労働市場をもつ垂直的組織が、日本社会では大きな比重を占めてきたが、そうした日本社会において、個人レベルにおいて長期失業状況を回避させ、より良き転職を促す水平的行動を容易に可能にさせてくれる「手段」と「場」はどのようなものか。玄田はそれが適切な社外的ネットワークであると指摘した。

その種の社外的ネットワークの一つは、第一章でふれた同窓会である。会社中心人間にとっては、社外人脈といっても、そんなに容易に短期間でつくれるわけはないのである。

わたしは一〇年間以上にわたり大学——工学部化学系（バイオ）研究室——の同窓会の役員をしてきた。その役割上、会員——約六二〇名——への毎年の同窓会開催の案内（通知）の郵送——いまでは電子メール化されつつあるが——のための名簿更新作業をするので、間接的に同級生、先輩や後輩の移動——就職、失職（失業）、転職——などを知ることができる。

以前は、そうした名簿録を印刷して、会員たちに配布した。いまは、個人情報保護の関係から、コンピュータ内にデータベース化し、閲覧を必要とする会員には、それなりの手続きをしてから個別公開している。

わたしの同窓会データベースからみるかぎり、移動——転職、転勤や所属組織の変更——に大きな影響を与える要因は、年齢、所属企業の経営状況、事業分野や産業の動向であるといってよい。ある一定の年齢層——いわゆる中高年——になれば、関連会社への出向、転籍などによる移動が集中的にみられる。移動先がそれまでの勤務地と大きく異なる時などは、実家へのUターン的帰郷による転職や自営業開業というケースもみられる。事業の縮小や最悪の場合には倒産による解雇で転職を迫られた人たちもいる。企業合併の場合には、わたしが知る限りでは、他企業へと移動した人はそう多くなかった——その後の、早期退職などはむろんあったが——。一時期の繊維産業や鉄鋼産業などのように、産業そのものの縮小によって所属企業が大きな影響を受け、転職していった人たちも一定数みられてきた。

同窓会の役員などをやっているといろいろと大変なことも多いが、わたしなどは毎年開催される総会やそのあとの懇親会で名前と顔が知られていることで、参加者に気楽に声をかけて、その人たちのいまとむかしを聞くことができる。転職した出席者などがいるとその理由や事情などを同窓ネットワーカーということで教えてもらうこともできる。

このように狭いわたしの観察経験からでも、(*)転職経験者のなかで比較的成功した部類に属する人たちに共通するのは、つぎのようなキャリアと性格ではないかと思われる。

＊サンプル数の多い通常のアンケート型調査に比べれば、一〇年間にわたってインタビューできたのはせいぜい二〇数人の転職事例にすぎないものの、同窓生ということでかなり突っ込んだインタビューができるし、その内容はきわめて正確である。転職回数では四回が最多である。ただし、家業を継承したかたちでの転職は除外する。

(一)　高い専門性——独自の研究分野を確立しており、その事業化において高い専門性を有してきたような人。

(二)　専門家としての自己実現意識の強さ——(一)と関連して、その事業化に自己実現を重ねている人たち。ある種の思い込みの強い人たちと表現してもよい。

(三)　一本気で頑固な性格——純粋で妥協がなかなかできない一本気な人。とりわけ、技術者タイプでは多い。

(四)　人的ネットワーク力——(三)に関連して、妥協できない性格である分、見かけだけや遊びだけの友人・知人の数は必ずしも多くない。だが、その分、周囲のいろいろな状況でもぶれず、世話好きで信頼できる少数の友人と知人を確実に持ち、そうした関係を長期間にわたって維持してきている。

最後の（四）の点で、玄田のデータ分析の結果である「適切な人的ネットワーク」とわたしの観察結果は合致するといってよい。ただし、同窓会を通じての観察の限界は、成功した人たちだから同窓会に出てくるのであって、転職したものの、それが必ずしも当人が満足できるような結果とならなかった人たちはまずは出席しないのである。必然、右に掲げた共通点とは正反対の人たちが成功をおさめることができるか、あるいは、失敗に終わるのか。正直にいってわたしにはよくわからない。

ただし、この点についてヒントになるのは割合に多くの事例をデータ化して分析した大橋勇雄と中村治朗の研究である。大橋等は「転職のメカニズムとその効果」で、連合総合生活研究所が行った連合傘下の三五〇〇社を対象にした一八八〇〇人の調査データから、「離職理由」と「転職前後の賃金変化」との関係――ジョブ・マッチング――を分析している（玄田・中田『前掲書』所収）。

彼らの分析で離職理由の類型として掲げられているのはつぎの四つである。

「会社都合」型離職――会社の事業縮小や最悪の場合は倒産などによる失職で転職を迫られたケース。

「前向き」型離職――自らやりたい事業などがあり、会社を飛び出して転職を行うケース。

「不満解消」型離職――職場の不満が解消されず、ストレスをためるよりはスパッと転職するケース。

「家庭事情」型離職――身内の病気などで転職を余儀なくされるケース。

大橋らは、離職のあり方と、その後の給与条件などとの相関関係を、こうした四つの類型を念頭においたデータ解析の結果から探ろうとしている。重要な「発見」のいくつかを紹介しておこう。

まず、解雇などの転職理由と求職期間が密接な関係をもっていること、である。つまり、十分な転職準備期間が確保されなければ、自分で納得の行く転職が可能である保障などはない。とりわけ、若年層と比べて、中高年層のステップアップしたような転職は困難である。「転職させられた」人たち＝「会社都合型」と「転職した」人たち＝「前向き型」との間には、当然、十分に余裕をもって準備したかどうかの有無があり、それが大きな作用を及ぼすのである。

また、日本の労働市場の場合、こうした「発見」以上に、「ホワイトカラーでも管理・事務的な業務に従事する熟練は、技術・開発や営業に従事する者に比較して企業特殊性が大きい」とされる点こそが重要なのである。改めて、この指摘は日本企業などで一定期間働いた経験のある人たちなら納得できる結論であろう。

要するに、研究開発やマーケティングなどに必要とされる知識や経験は企業特殊性が小さく、ひとつの技能であって、企業を変わっても十分に生かすことができる可能性が高い。たとえば、建築設計や回路設計などの技能は、多少使用するソフトウェアが異なっても、転職先企業でもそのまま通用するのである。あるいは、バイオ関係の技術者でも、多少、培養装置などが異なっても、転職後の実験能力が低下することなどはないのである。

反対に、管理的業務などは、たとえ、前職で一定以上の地位を得ていたとしても、企業が変われば、それまで身につけてきた企業内暗黙知的な知識の有効性は一挙に低下するのである。つまり、そのような社内的な技能などはきわめて企業内特殊性が高いのである。

たとえば、事務処理能力などは、社内のどの人に頼めば一番確実であるとか、社内のどの人がどのような情報をもっているとかを熟知しているからこそ、管理的能力は発揮されるのである。そのような知識は、同一企業で長期間働いているからこそ蓄積されてきたのである。会社が変われば、そのような知識は一瞬にして失われる。

垂直的組織内での知識や経験はあくでも社内的ネットワークのなかで築かれたものである。そうした社内的ネットワークは短時間で形成不可能であって、長期にわたって形成されたものである。そうした長期熟成的職種の代表が日本の企業の管理層といってよい。

そうであるとすれば、垂直的組織をもつ社会構造のつよい社会で、どのようにして水平的な生き方が可能であるのかが問われることになる。企業内の立身出世がそのまま社外において保障されるわけではないのである。

垂直と水平の間の社会構造

垂直的な社会組織の代表は会社である。[*1] 水平的な社会組織そのものは社会である。[*2]「会社重視主義」と「社会重視主義」という対比では、人びとの会社と社会に対する距離観——軽重——によって、四つの文化領域が存在する。つぎのように類型化しておこう。

＊1　会社——明治維新の前後には company などのことばがそのままコンペニーあるいはカンパニーとして使われていたが、その後、日本語に訳されて使用されたことに起源をもつ。正式には明治二［一八六九］年に政府が為替や通商をおこなう企業の設立を進めるなかで、「会社」が使われるようになり定着されはじめたと考えられる。

＊2　社会——明治期の新聞記者・劇作家であり、幕末には遣欧使節の通訳として二度欧米社会を視察する機会に恵まれた福地桜痴（源一郎）（一八四一〜一九〇六）による society の日本語訳で、その後定着した。

（一）会社重視主義で社会重視主義という領域——会社は社会との関係で存立し、社会もまた会社の経済活動に依拠して存立する。たとえば、市民起業家に代表される企業文化あるいは事業文化である。

（二）会社重視主義で社会軽視主義という領域——物質的な豊かさを最優先する考え方である。会社中心主義や会社中心社会観が優位を占める。

（三）会社軽視主義で社会重視主義という領域——企業もまた社会構成員の一つであってすべてではない。会社の活動こそが社会の経済的存立を支えるにもかかわらず、社会的価値観だけを優先して、企業活動には否定的である。

（四）会社軽視主義で社会軽視主義という領域——どちらにも興味がもてない人たちも一定数いる

だろう。

世界各地で繰り返されてきた公害や環境破壊につながった乱開発などは、この四つの類型のなかで、二番目に挙げた会社中心主義の弊害を余すところなく示している。だからといって、企業の経済活動などを全面否定することはできない。理想的には、一番目に掲げた会社と社会との均衡ある関係こそが重要なのである。

会社とは、日本に限らず多くの国においても垂直的組織をとるのである。それゆえに、ややもすれば、会社という組織体は社会との関係において水平関係を維持することを怠る。それゆえに、企業の社会的責任論 (CSR, Corporate Social Responsibility)、企業統治論 (Corporate Governance) やステークホルダー論 (Stakeholder) など会社と社会との関係論が、いつの時代にあっても、表現を変えて登場してきた。(*)

＊企業の社会的責任論、企業統治論、ステークホルダー論についてはつぎの拙著を参照。寺岡寛『経営学の逆説―経営論とイデオロギー―』(税務経理協会、二〇〇八年)。

いうまでもなく、社会とは、企業に限らずさまざまな組織体を水平的組織として取り込むことを基本とする構造をとるべきなのである、とわたしは強く思ってきたし、いまもまた強く思っている。だが、現実には、日本にかぎらずどの社会も、垂直的な組織があらゆるところに存在しているのである。でなければ、垂直の社会組織を水平の社会組織に関係づけようという社会的装置としての制度の存在と発展はなかったのである。ここでいう関係装置とは、たとえば、法律や社会福祉などの制度である。だが、そうした制度だけで万人の平等的幸福観を満たすにはやはり限界がある。

この限界を補うものとして、その社会のもつ独自の文化――歴史的固有性――が存在してきたともいえる。より平たくいえば、米国的であったり、ドイツ的であったり、韓国的であったり、日本的であることが強調されることで、社会の水平的連帯性――しばしば、極端なナショナリズムとなることもあるが――が保たれてきた。

米国的ということでは、大企業文化への対抗文化としてのアメリカンドリーム＝スモールビジネス文化の存在があげられる。同様に、ドイツはドイツで、韓国は韓国で、それぞれの社会に特有なある種の「張り切り」(＊)――加熱――と「諦め」――冷却――の合理化装置が文化のなかに形成されてきたのである。

＊ビジネス文化と国民性との関係については、つぎの拙著を参照。寺岡寛『経営学の逆説―経営論とイデオロギー―』(税務経理協会、二〇〇八年)。

張り切り――加熱――文化としての立身出世主義のない社会などは、ないのである。立身出世とは、市場における幸運な結果に恵まれた人たちのある種の創業者利益のことであり、そのような幸運な結果はその後につづく幸運な模倣者によってしばらくは継続される。

だが、その後は、プロダクトサイクル論が示唆するように、成功の可能性の確率カーブは大幅に低下し、幸運な結果——成功——を望んだ多くの不幸な模倣者が市場から駆逐されることになる。そうした人たちへそれなりの「諦め」を促す冷却装置としての企業文化や起業文化もまた必要となる。かつて松下幸之助が述べた「成功の要諦は成功するまで続けること」であるという表現はあまりにも有名であり、不幸な模倣者たちのやる気と張り切りを再加熱させてくれる。欧米には、「もし最初に成功できなかったら、『成功』の再定義をやりなさい」、「成功の神は、最初、失敗の顔をしてやってくる」というユーモアあふれるもの言いもある。

ここらあたりでビジネスとは何かという原点にもどって、垂直と水平の調和ある経済社会を展望しておく必要があろう。

豊かなビジネスとは、健全な立身出世主義という起業文化あるいは企業文化をもつ豊かな社会から生まれるのである。少なくとも、わたしはそのように考えてきた。ここで問われるべきは立身出世主義なるものの「健全性」と「豊かさ」とは何かである。

すでに紹介したように、教育社会学者の竹内洋は、日本の立身出世主義と学歴文化との関係を論じた『日本のメリトクラシー——構造と心性——』で、かつての単純な立身出世主義のイデオロギーを支えてきた日本型メリトクラシー(*)が揺らいできたと指摘する。

＊メリトクラシー——実力主義、能力主義、実力社会などと訳される。竹内洋は「メリトクラシー(meritocracy)とは、貴族による支配(aristocracy)や富豪による支配(plutocracy)になぞらえてメリト

つまり能力ある人々による統治と支配が確立する社会のことをいう」とする。竹内洋『日本型メリトクラシー——構造と心性——』（東京大学出版会、一九九五年）。

近代社会の成立を促したのは、身分や門地にかかわりのない能力主義の定着であった。それを象徴したのは公平な競争的試験を通じての学歴獲得による立身出世である。そのエートスの人びとの精神への内面化と大衆化によって、日本ではとりわけ学歴獲得レースが過熱化されてきた。そうした学歴獲得レースで著名大学卒というトップを走った走者は、垂直組織である日本の官庁や大企業などの組織文化に組み込まれることで、第二位以下の走者との距離をさらに引き離していく。

では、なぜ、そうした日本の立身出世主義を支えてきたメリトクラシーの「定礎」が揺らいできたのか。竹内は揺らぎの根底にある、つぎの二つの方向性を指摘する。

（一）豊かな社会とトーナメント型人生モデルの焚きつけ構造の矛盾——「トーナメント型人生モデルは脱落の恐怖を担保にするから、生存競争や優勝劣敗の希少性の神話（ダーウィニズム的社会観）と親和的である。しかし豊かな社会はこの親和性に楔を打ち込む。」

（二）ハプニング的成功観の台頭——「地位や業績や有用性と無関係になり、外見や押出し、さらには偶然によって決定されることに人々が鋭い感覚をもちはじめたことによる。」

（一）については、豊かな社会とは立身出世に向かって人を焚きつけることが困難であり、失敗の痛手もそう大きくない社会であることがいえる。かつての「零落の不安」や豊かさへの素朴な希求が消え失せた状態である。竹内はそれを「豊かさのアノミー（*）」の時代と名づけ、そこでは「成功も失敗もドラマタイズされない」とみる。

＊アノミー――ギリシア語源。フランスの社会学者デュルケームが社会学的分析概念として定式化した。人びとの行動を秩序づけてきた道徳など共通の社会的価値観や社会的規範があいまいとなり、無規範と混乱が支配的となった社会の状態をいう。そうした社会状況の下では、人びとは不安、自己喪失、無力感などを感じる。

また、（二）については、立身出世への従来のような正式ルートとしてのメリトクラシーが空洞化することで、立身出世への非公式ルート＝近道としての偶然性――運やコネなど――への過度の期待が生まれ、本人の努力が世界の彼方へと押しやられることが指摘される。そして、偶然で幸福な結果が幸運な模倣を促し、不幸な模倣者を生み出すことになる。

大した学歴ももたず、現代版の松下幸之助のような起業家が現れ、一代で大きな企業を築きあげ、テレビ番組などに出演して、「わたしの場合、学校時代に勉強もせず、大学で学ぶこともなく、思いつきのアイデアがラッキーにも馬鹿当たりしただけだ」と発言すれば、後はマスコミあたりが成功ストーリーとしてでっちあげてくれるだろう。

この種の怪しげで後知恵的な話に、心を奪われる若者が一定数はいるだろう。その種のハプニング的成功ドラマは、むかしと同様にいまもあるのである。これは前章でもふれたが、ハプニング優先のそうしたアノミー社会では、幸運だけを夢見て、幸運が偶然の結果として認識されることで、やがて不幸な模倣、要するに何もしないという行動をとる人たちが生み出されても当然である。

また、幸運な模倣だけで結果そのものを直視しない人たちもアノミー社会で生まれる。たとえば、資格を取ればそれだけで幸運な結果が生まれると思いこむ若者たちも一定数いるのである。

こうしてみると、健全で豊かなビジネス文化としての立身出世主義のヒントは、垂直組織と水平組織をつなぐわたしたちの社会的価値観の再構成にあることだけは間違いがない。

すでに紹介した民俗学者宮本常一は、『家郷の訓』で、貧しいゆえにそれぞれが助け合うことで豊かな公共心が育っていた日本の農村の風景としての幸福感について、つぎのようにふれている。

「本来幸福とは単に産を成し名を成すことではなかった。祖先の祭祀をあつくし、祖先の意思を帯し、村民一同が同様の生活と感情に生きた。孤独を感じないことである。われわれの周囲には生活と感情とを一にする多くの仲間がいるということの自覚は、その者をして何よりも心安からしめたのである。そして喜びを分ち、楽しみの中にも心安さを持ち、苦しみの中にも絶望を感ぜしめなかったのは集団の生活のお陰であった。」

やがて、そうした幸福感は、日本のいわゆる近代化とそれにともなう立身出世主義の勃興によって変化していくことになる。宮本は日本の各地の農村と自分が育った周防大島の変貌を踏まえた上で、農村の精神的風景の変化をつぎのように記録した。

「農村には大きな変貌があった。共に喜び共に泣き得る人たちを持つことを生活の理想とし幸福と考えた中へ、明治大正の立身出生主義が大きく位置を占めてきた。心のゆたかなることを幸福とする考え方から他人より高い地位、栄誉、財などを得る生活をもって幸福と考えるようになった。……こうして幸福の基準、理想の姿というものがかわってきた。がそれは、ただ時代の思想の混迷の中に、新たなる基準が見出せなかったのである。そして、基準を失ったということが村落の生活の自身を失わせることにもなり、後来の者への指導も投げやりになっていった。」

宮本もまた立身出世主義の危うさを、日本の農村の変貌を通して、近代化にともなう会社主義の浸透のなかにみていた。

社会全体の幸福感を共有できる立身出世観があってもよいのである。いま、日本社会でも米国などで盛んになった社会起業家の必要性がひとしきり主張されている。そのような社会起業家の原像は、宮本の指摘のようにかつての日本の地域社会にもあったのかもしれない。健全な立身出世主義とは会社重視主義と社会重視主義の均衡の上に立ったものでなければならないのである。

終章　立身出世主義と企業文化

明治以降の近代化により、それまでの固定化した身分制は廃止され、学校教育を媒介として人びとの社会流動化は一貫して進展してきた。近代化以降の産業化社会は、それを支える人びとの（高）学歴化と密接な関係を保ちながら進展することになったのである。

学歴化は、それまでの固定的身分制に付随した「階層的」不平等による「恩恵」などを突き崩していった。制度としての「学び」とその終了の証である卒業証書は、それまで身分制度によって固定化された人びとに、立身への平等性を保証したのである。

だが、他方で、学歴が新たな身分（＝学歴貴族）となり、その身分が職業序列とそこでの所得という新たな階層的不平等性を生み出したのではないかという危惧もあった。

ここで、わたしが本書で何度も使ってきた「階層」という言葉にふれておく。社会学的概念では、それは「年齢」、「財産」、「所得」、「職業」、「学歴」などによって段階的に層をなす人びとの集団であり、そこには見えるかたちでの、あるいは、見えないかたちでのある種の序列制が付加されている。

この点で、階層概念はマルクス主義での一元的な階級概念とは異なる。

また、マルクス主義的階級観がきわめて固定的なものであるのに対し、階層は流動的であり、階層間の移動がないわけではない。マルクス主義では、たとえば、資本・労働関係において、労働者階級は資本家階級に上昇することはきわめて例外的なものと考えられた。

だが、労働者階層は経営者層にも、あるいは、自営業的創業によって事業を始め大きくすれば資本家階層へも上昇できるのである。その可能性は決して限定的なものでもない。この意味では、階層は先にみたように、年齢、財産、所得、学歴などによって多元的かつ多層的に構成されている。

先に、学歴貴族といったが、学校の入学試験が万人平等に開かれていることで、形式論理的にはだれでも貴族になることができるのである。あるいは、学歴がなくとも、富める者になれるのである。可能性もだれにでも形式論理的にはある。

この点について、原純輔等は『社会階層―豊かさの中の不平等―』で、階層概念が多元化しているとはいえ、現実には所得と学歴が近代社会で強固な尺度を形成してきたことをつぎのように指摘する。

「階層が多元化したといっても、実は二つの強固な社会的共通尺度が存在し続けている。一つはいうまでもなく『所得』である。……それは社会的に構成されたものであるが誰にとっても共通の尺度である。すべての個人や世帯は、原則的にこの一元的尺度の上のどこかに位置づけられうる。もう一つは『学歴』である。この一元制は実は所得ほど確かなものではない。一元的イメージを支えているのは、学歴が、同一世代内における全国的な一元的学力競争の過程を経て定まる概念であって、この概念は全面的に真実である訳ではない。」

たしかに、学歴とは概念であり、実際の所得との関係で厳密な階層として位置づけられてはいない。日本では、一部の経済雑誌で年末ボーナスやベースアップなどの時期に、上場企業別に課長の年収比較というかたちで推計所得が紹介されたり、あるいは、スポーツ雑誌でスポーツ選手などの推計年収が紹介されることがあっても、学歴と所得の関係が明確かつ直接的に示されることはそう多くない。

また、偏差値の上位に位置してきた有名大学卒の採用が多い企業の管理職の推定年俸などが経営雑誌などで紹介され、学歴と所得との関係が類推的に示されることがある。だが、卒業生の数そのものが少ないことが、有名大学たる条件の一つであるならば、他の大学を卒業した人たちで同一の組織で同じ職位に就いている人たちの方が通常は多いのである。

雑誌の観測記事では、多くの人たちがよく耳にしている大企業が登場することがあっても、中小企業の経営者やそこに働く人たちの所得、企業に属しながらマイナースポーツでコツコツと選手生活を続けている人たちの所得は、あくまでも二次的な推計を促すようなかたちとなっている。

結局、そこでは、株式市場に上場されている大企業を頂点とした所得階層ピラミッドが描かれ、その下に中小企業、さらには零細企業などが位置するようになっている。大企業への就職可能性は、原則として新規学卒者に限られ、さらに、全国的な一元的学力競争である共通一次試験による序列制が強く刻印された大学的階層性というかたちに等値されすぎている。

所得からいえば、わたしのよく知る中小企業の経営者にかぎっても、所得の上下の差は大きい。企業経営の業績によって彼らの所得は変動する。もちろん、大企業サラリーマン層よりもはるかに低い所得に呻吟している経営者も存在している。その一方で、大企業の平均的なサラリーマン経営者と比べても、オーナー企業の数々の「特典」のおかげで、はるかに高額な収入を実質的に享受している人たちの事例――当然、本人は自分からは開陳しないだろうが――も多いのである。

だが、一般的に、脱税事件などで中小企業のオーナー経営者の法外な所得にわたしたちが驚かされることがあっても、経営雑誌などで中小企業経営者の所得情報が公開されることはほとんどない。必然、日本では所得が表立った階層的シンボルとはならず、むしろ、所属組織というきわめて一般的で明示的なシンボル、あるいは学歴――学校的序列制――だけがしばしば二次的な階層的シンボルとみなされてきた。そうした学歴がときとしてわたしたちの序列感覚のなかにあまりにも強く刻印されてきたのである。原等もこの点についてつぎのように指摘する。

「経済界が企業人の所得情報を公開しないという慣行は、自らのそれも同様に秘匿するというマスコミの共謀に支えられて、経済活動の主領域において『所得が地位達成のシンボル』であることを妨げた。そこでは、所得ではなく所属企業と役職とが地位達成のシンボルであったのであり、所得が……唯一、毎年の所得番付で人目にさらされる芸能人とプロ・スポーツ選手においてのみ、所得が地位のシンボルとなりえたのである。」

すでに紹介したことだが、明治維新から五年後に出され、「学び」の意義を説いた学制趣意書は、新しい時代において、「身を立てる」とは「産を治めその業を盛んにする」こと――いまでいえば事業活動――であり、そのためには個々人の才能こそが発揮されねばならないことを宣言した。社会で「身を立てる」準備の場こそが、明治政府が展開しようとした学制――学校の制度――であり、学ぶことがなければ――不学――、人は路頭に迷い身を喪うことを説いたのである。逆にいえば、学びの結果である学歴にわたしたちの立身と出世を託したのである。

だが、学歴が身を立てる手段ではなく目的と化するのに、そんなに時間はかからなかった。理由はすでに幾度もふれたように、学歴をもつ者が産業の拡充以上に溢れたからであった。学歴が普遍化し、学歴競争が目的化すると、その先にあった所得や職業との関係はむしろ二次的かつ類推的となる。加熱した学歴競争が学歴と所得・職業との関係性を薄めてしまったのである。学歴競争の激化は、所得が本来もっていたはずの階層的分離性という明示性を低下させてしまったのだ。

こうした学歴競争が高度経済成長期の高学歴化を支え、さらに国民の全般的な所得向上が、それまでの所得による不平等観を緩和させた。高度経済成長下の豊かさの高進こそが国民の所得階層的意識を希薄化させたのである。そして、所得階層的意識の希薄化は人びとの高学歴意識を高めていった。日本では、昭和三〇年代に上級学校への進学率が一挙に高まっていった。

豊かさの達成や豊かさの一層の希求は人びとのなかにあった戦前来の学歴的階層観を呼び起こして強めさせ、学歴的中間層から抜け落ちる恐怖を人びとに植えつけることになった。立身出世の代理変数となった学校的序列観は、就職先にある企業序列観にそのまま置き換わっていった。

敗戦直後農村には不完全就業人口をかかえ、都市でもさまざまな雑業層にたっぷりと余剰人口をもっていた日本社会が、復興から高度経済成長へと移行するなかで、世代間の職歴移動については学歴という開かれた門を通して、より開放性の高い社会的流動性がつくられていった。労働市場は農業や自営業など世襲的資産の有無に関係なく、学歴によって開放されていったのである。

戦前、高等教育を終えた若者たちだけに開放されていた役所や一部大企業の専門職やホワイトカラー職は、戦後の日本社会において、多くの若者たちにも開かれていった。その背景には、戦後生まれの企業が、その後、大企業や中堅企業へと成長を遂げ、大規模組織となった結果、その管理層への就業機会が増大したことがあった。戦後、つぎつぎと新設されていった大学から大量に送り出された卒業生たちは、そうした労働市場に吸収されていった。

盛山和夫等の社会学者が時系列的に取り組んできた「社会階層」調査に依拠すれば、高度成長期以降の高学歴化は、それまでの「大卒＝大企業の専門職とホワイトカラー職」、「高卒＝大企業のブルカラー職」、「高卒と中卒＝中小企業のホワイトカラー職とブルカラー職」という構図を、大学教育のマス化が急速に進展し始める一九七〇年前後から大きく塗り替えていった。

一般に、進学時期にある子供たちというのは、その一世代まえの親世代——その進学時期からすれば三〇年近くの時間差（タイムラグ）がある——や、二世代まえの祖父母世代——したがって、六〇年以上の時間差がある——の学歴意識に影響を受けるものである。

次世代層というのは、いつの時代でも、前世代層の経験した苦労から逃れるという恩恵を受けることができるが、そのことの恩恵を前世代の経験のまま手中にすることはできないのである。高学歴化はこの後者の例であった。

前世代層は高学歴キャリアの有無がそのまま労働市場での階層——大企業と中小企業——につながっていた一九六〇年代までの構図を引きずり、次世代層に自分たちが享受できなかった高学歴キャリアパスを期待したのである。

そこには、大企業と中小企業という企業規模別労働市場観を支えていた学歴的序列観があった。そして、学歴的序列観はさらに学校別序列観に結びついていた。だが、それははたして現実に有効だったのであろうか。

結論を先取りすれば、盛山等の社会階層調査結果から浮かび上がってくる実像は、労働市場の変化によって、かつての序列観もまた変容せざるを得なくなっていることである[*]。たとえば、一九九〇年代後半には、バブル経済崩壊によって大企業の内部労働市場からリストラというかたちで、とりわけ中高年齢層の外部労働市場への放出——早期退職などのかたちを含め——があった。

＊リストラ――リストラクチャリング（restructuring）の略である。通常は企業再構築と訳される。直接的には企業再構築のための人員削減を意味する。だが、一般的には、それは企業が経営環境の変化に対応するために、ヒト・モノ・カネなどの経営資源を再配分し直す経営革新のやり方であり、結果的には不採算事業部門からの撤退、高収益事業分野の集中や、他社の買収などを通じて新規事業分野への参入などが図られる。なお、経済学では、リストラクチャリングは短期債務を長期債務に置き換える債務の再構成を示す。

また、二〇歳代あるいは三〇歳代といった若手世代の転職志向も高まり、それがこれまでの日本型の労働市場のあり方にも影響を与えてきたのである。そうしたなかで、わたしたちのなかにあった暗黙知としての高学歴＝高所得という一元的モデルもまた変容しはじめてきた。

大衆化――普通教育――が一層進行した大学教育のなかで、高学歴＝高所得の一元的モデルの有効性について、経済学者の藤井信幸は「日本の経済発展と高等教育」で、日本社会における高等教育と就職との関係の変化をつぎのように指摘する（川口浩編『大学の社会経済史―日本におけるビジネスエリートの養成―』所収）。

「現在の日本では、大企業への入社競争、そして入社後の昇進レースにおいて以前ほど学歴・学校歴が影響を及ぼさなくなっており、……大学の存在そのものが疑問視され批判にさらされるのが実情である。」

この背景には、経済のグローバル化の下で、大企業の国内労働市場での雇用創出・維持力が相対的に低下してきたこと、また、関連会社や子会社への出向や転籍に加え、大企業での雇用の外部化（アウトソーシング）が急速に進展したことがある。

すなわち、大企業の雇用といった場合、従来のパートタイマーやアルバイトへの依存だけではなく、派遣社員や期間従業員の利用を含み、より複線的なものとなってきた。いわゆる非正規職への依存度が多くの大企業で高まったのである。いまや日本の製造業の現場にも、同じ職場であっても、さまざまなユニホームを着た従業員が目立ってきているのである。

非正規雇用あるいは期限付き雇用という就労形態が広まってきたのは、欧米諸国でも同様であるが、総務省『労働力調査』によると、日本では、契約社員、嘱託社員、派遣社員などの非正規雇用が目立って増加しはじめたのは、平成一四［二〇〇二］年ころからである。

こうした派遣社員などの数が急増したのは、労働者派遣法の対象であった派遣業種が規制緩和の流れの下で拡大されたことを背景にしていた。これは雇用のジャスト・イン・タイム化といってもよい。必要な人員を必要なときに、必要な数だけ確保し、企業は人員の「在庫」を最小限にとどめることができる。

だが、部品納入の場合でさえ、ジャスト・イン・タイム化の下では、だれかがその要求を満たすために在庫負担をしているわけであって、すべての人たちが同様の恩恵を享受できるわけでもないのである。いまや、契約社員や派遣社員に加え、従来のパートタイマーやアルバイトを含む非正規雇用職は日本で一八〇〇万人近くに達しており、この規模は、日本の総労働人口の三分の一以上となっている。

かつてのような企業一家の旗の下で、働く人たちが同じ仲間意識をもち、ほぼ同じような処遇を受けていたバブル経済崩壊以前のような光景はいまでは異なったものとなっている。むろん、そうしたことを感じるのは、わたしの世代などであって、いまの若い人にはそのような意識そのものが希薄化している。日本社会にも複雑な階層問題とその意識が生じてきているのである。

先にみたように所得と学歴による階層ということでは、日本の場合、所得と学歴という基準が、所得については明確な数字で表されず――新入社員募集の際の初任給は別として――、所属組織とそこでの地位達成に代替されてきた。また、高学歴化が一層進展するなかで、学歴こそがより単純で明示的な基準となってきた。そして、本来、階層概念に付随していたはずの社会性――社会的責任――が希薄となり、個々人の努力主義――自己責任主義――だけが突出してしまったのである。それがいまの時代の風景である。

階層意識の希薄化が個人的達成――この裏返しが自己責任――という意識を一層肥大化させ、それが、同一企業内で実質ほぼ同じような仕事であっても、雇用の形態によって所得が異なっていることに対する疑問をきわめて個人的な問題に封じ込めているとすれば、将来、わたしたちは大きな代償を支払わざるを得ないことになる。

平等志向が強いといわれてきた日本社会においても、所得階層化が進んできたのである。だが、そうした問題への取り組みの必要性は、人びとの社会意識とその先にある政治意識に依拠しているのである。ここ十数年来、日本社会に起ってきたさまざまな格差問題は、階層問題へのわたしたちの社会的意識の希薄化のなかで生じてきたことでもあるのだ。(*)

＊この点の国際比較研究では、フィンランドと日本についてはつぎの拙著を参照。寺岡寛『比較経済社会学―フィンランドモデルと日本モデル―』(信山社、二〇〇六年)。

一般に、経済社会の活性化が新たな企業の活発な参入によって促され、既存の大企業や中小企業とのより良き関係のなかで成立するものであるとすれば、わたしたちはどのような担い手をそこに見出すことができるのだろうか。

一国の企業文化なるものは、多国籍化し自国固有の企業文化性を薄めてきた世界的大企業などではなく、わたしたちの周りにある中小零細企業のあり様と密接に関係しており、地域社会との関係性のなかに存在、継続されてきたものであると、わたし自身は考えてきた。

そうした中小零細企業の存立を支えてきた企業文化の中心には、共通する文化性と異なる文化性がある。前者は地方、地域、国などに関わりなく小規模経営組織全般に共通してみられるものである。後者はドイツにはドイツ的、米国には米国的、韓国には韓国的、台湾には台湾的、そして日本には日本的な文化性であり、それらはその国の立身出世にかかわる社会的規範や社会的価値観に深くつながってきたのである。

いうまでもなく、わたしたちのまわりにあるたくさんの企業のなかでいまでも大多数を占めるのは中小企業である。さらに、そうした中小企業のなかで大多数を構成するのは自営業層、家族経営層や小規模企業層なのである。(*) そして、そうした企業層をつねに「補充」してきた存在が、新規開業の自営業層などであった。

もし、そこに豊かな中小企業文化というものが形成され、継承されていないとすれば、わたしたちはどのような経済社会を頭に思い描くことが出来るのだろうか。

＊日本に限らず、ほとんどの国において企業の大多数は中小零細企業である。むろん、その割合は産業分野で異なり、商業やサービス業では著しく高いのである。反面、公益事業や情報通信などインフラ整備に多額の資金を要する分野では、大企業の割合が全体平均より高くなる。なお、製造業の場合をみておくと、手工業などへの保護政策や自営業開業の活発さなどを反映して、零細層の割合が高い国とそうでない国が見られている。概して、小国経済——人口が少ない諸国——では、零細層の割合が高い。たとえば、ニュージーランド、オーストラリア、フィンランド、オランダ、ベルギー、スペイン、スウェーデンなど、手工業が広範に残存したイタリアやフランスなどである。また、社会主義経済体制から市場経済体制へと移行して、多くの自営業的創業が増加したハンガリー、チェコやポーランドなども同様である。なお、日本と米国は、零細層の割合が低い国となっている。

すでに何度もふれたように、日本の近代学校制度が明治五［一八七二］年の「学制」からはじまって一五〇年が経過しようとしている。「学制」公布のわずか一日前に発表された「趣意書」（太政官布告第二一四号）は、「人々自らその身を立て……」からはじまった文章のなかで、立身は「学にあらざれば能わず」と簡潔に説いた。それゆえに、「されば、学問は身を立るの財本ともいうべきもの……これ故に、人たるものは、学ばずんばあるべからず。……自今以後一般の人民（華士族・農商工及び婦女子）必ず邑に不学の戸なく、家に不学の人なからしめん事を期す」と強調された。

いまや、日本社会では「不学の戸、不学の人なからしめ」といえるまでに、義務教育は整備され、高等学校教育も実質上義務教育化され、大学や専門学校で学ぶ人たちの割合も著しく高まったのである。そうしたなかで、日本人の立身出世観や立身出世主義のあり方も変貌してきた。わたし自身は、本書でそうした変化を個人の考え方のなかに入ってとらえようとしてきた。そして、そのようなきわめて個人の内面に迫るような調査は一般的なアンケート調査や電話インタビューなどで行えるはずはないと考えて、わたしが関係した同窓会ネットワークを利用して探ってみた。

同窓会ネットワークは若い頃の一時期に小学校、中学校や高等学校の同じクラスで、あるいは大学の同じ研究室やゼミナールで、時間を異にするとはいえ、同じ教師に学ぶことができた「関わり」を中心に形成された信頼ネットワークといってよい。

そこでは、社会学調査にあるコーホート――同一年齢集団など――追跡が可能であり、先輩―同級

—後輩という流れで同一学校歴や同一クラス歴をもつ人びとの社会的流動性を正確に追うことができるのである。もっとも、「大数の法則」にしたがえば、観察対象数を一定数までに増加させることが理想的である。

その点で、わたしの観察数は本来のあるべき母集団からすれば大きな制約があるが、少数の信頼できる個別ケースである。そして、少数とはいえ、その人たちの経験——彼らのネットワークによる正確な現状把握と自身のケースの客観的位置づけ——をじっくり聞くことにより、ある程度の全体傾向の把握ができるのではないかとも思う。

結果として、改めて思うことは、企業の経営幹部やみずから創業して中堅企業へと育て上げ経営トップとなること、あるいは研究の分野に進み大きな研究成果を残すなどの立身出世は、だれにでも保障されたものでなく、「その身を立てるに……学にあらざれば能わず」は必要条件であっても十分条件ではないことである。

実際に個別事例をみると、時代の流れ、より具体的には産業構造の変貌、産業の栄枯盛衰に大きな影響を受けた個別企業の経営動向、労働市場の変化が及ぼす雇用形態の変貌、自国経済の世界経済への連動性のあり方などによって、当事者の努力云々以前に運・不運という範疇でとらえるしかないようなケースもある。

具体的な成功を目指す立身出世主義にも、プロダクトサイクルのような面がある。わたしが大学で化学を専攻し卒業した時代は、有機化学全盛の時代――公害などで非難を浴びていたが――であり、同級生などの多くはそうした研究室への配属を望み、競争率もきわめて熾烈であったことをよく覚えている。一方、生化学（バイオ）関連や無機化学などの分野は、お世辞にも人気があったとはいえなかった。

わたし自身は生化学関連の研究室で学ぶことになった。同級生や同窓生のなかには仕方なくきた人たちも一定数いたことだろう。バイオあたりを研究しても、当時は、バイオ関係の企業そのものが少なく、既存の化学会社もバイオ部門を拡充する以前の時期であって、他の化学分野の企業へと就職せざるを得なかった人たちも多かった。

だが、不思議なもので、大学での専攻分野と就職先企業の合致が必ずしもその人の世俗的な立身出世を保障しているわけでもなかった。少なくとも、わたしの手元にある同窓生名簿の業種・企業・地位に関するデータには、バイオを専攻したものの、半導体関係の事業分野でトップになった先輩が存在する。また、創設期にバイオ関連企業に入ったために、悪戦苦闘を迫られ、結局は他分野へと転じざるを得なかった先輩たちもいる。あるいは、バイオ関係に就職したものの、父親の事業を継承することを余儀なくされ、その自営業的規模の会社を拡大させた後輩たちもいるのである。

人はだれしも成功を望む。たとえ、失敗の連続であっても、そうした失敗の先に成功を望むものである。成功の方途については時代の変化を越えて、人それぞれの努力などが一般論として説かれるが、成功とはしばしば幸運な結果でもある。成功の要諦――秘訣――とは成功するまで続けることと説き、成功を収めた松下幸之助の後ろには、数百人の、あるいは数千人の夢破れた松下幸之助たちがいたに違いない。

産業構造の変化や世界情勢の変化の下で、かつての成功者と同じようなやり方を不幸な模倣によって成し遂げようとする人たちもいたし、いまもいるし、また、これからもいるであろう。あるいは、失敗という不幸な結果を、時代の変化を見据えて、異なるやり方という幸運な模倣方法によって成功を収める人たちもいたし、いまもいるし、これからもいることであろう。

立身出世の成功事例を中心に、起業家精神を通俗的に礼讃することは個別経営論では可能であっても、そうした通俗的な個別努力論を体系的な説明原理まで昇華させて経営学を構築することはさほど生産的ではない。

むしろ、わたしが興味をもち、重要視するのは成功者だけを結果論として讃えるような経済社会の構成原理ではなく、失敗をしてもつぎなる挑戦の機会を与え、社会と企業の構成原理との調和を求める豊かな企業文化である。また、豊かな企業文化という苗床がわたしたちの社会にあるかどうかである。本書を学歴と立身出世の経済社会学とした理由のほとんどはわたしのそうした関心にあった。

ところで、経済評論家の内橋克人は、日本のバブル経済以降の一〇年間を「失われた一〇年間」ととらえる通俗論に反発する。内橋は『九〇年代不況の帰結』で、むしろ、それに先行したバブル経済下の一〇年間こそが失われた一〇年間ではなかったと論じた。とりわけ、思いつきだらけの規制緩和が豊かな日本の中小企業文化を支えていた基盤を突き崩したことに、内橋は憤りを露わにしてつぎのように指摘する。

「商店街にしても、町工場にしても、家族経営を基盤にしています。これを日本型自営業と私は呼んできた……商店なら商店、町工場なら町工場の事業の基盤とそこで働いている人びとの生活基盤が重なり合っているのです。生産基盤と生活基盤、しかもそれが地域社会と同心円化している。……生産基盤、生活基盤、そして地域社会が同心円化している事業体、それが社会の安定化装置でもあった。」

バブル経済の下で、そうした社会の安定化装置が崩れ始め、その結果が地域経済の疲弊化というかたちでバブル後に一挙に顕在化し、地域社会に根付いてきた中小企業文化を変容させてきた、と内橋はとらえている。わたしもまた強くそう思う。

そうした変化が起きてきたころから、大学発ベンチャーや社会起業家論、コミュニティービジネス論、さらには大学での起業家教育が強調され始めたのは皮肉なことであった。失われたあとで、失ったことの大きさに気づいたのであった。

だが、大学発ベンチャー論など――ベンチャーということばと範囲がインフレ化した現状では、さまざまなベンチャー型経営者の類型が生まれた――の主張が目指した第二のビル・ゲイツ出現への期待は達成されたのだろうか。この種の議論は、しばしば幸運な結果への不幸な模倣であった面も大きかったのではあるまいか。

内橋は「生きる、働く、暮らす、という、それを統合するのが人間の営為であり、経済なんです。みながビル・ゲイツになれるわけではない。……それは例外的成功なのであって、圧倒的に数が多いのはだれかといえば、普通の人です。そういう視点を捨ててはならない」と強く主張する。

日本や欧州諸国、アジア諸国、そして一見ベンチャービジネスの経済社会と印象づけられてきた米国でも(*)、それぞれの国の中小企業文化を支えてきたのは、内橋のいう「普通の人たち」であって、決してビル・ゲイツ型の人物ばかりではないのである。

＊米国の中小企業（スモール・ビジネス）あるいは中小企業文化については、つぎの拙著を参照のこと。寺岡寛『アメリカの中小企業政策』（信山社、一九九〇年）、同『アメリカ中小企業論（増補版）』（信山社、一九九七年）。

自らは、ベンチャー型ビジネスモデルの担い手になろうとせず――むろん例外はあるが、その比率は、たとえば、突出した米国あたりと比較しなくとも、フィンランドあたりと比べても極端に少なすぎるのである――、きわめて安定的な立場から、本来的にリスクの高いベンチャービジネスの必要性を声高に叫ぶような官僚型社会には、解決すべき問題がありすぎるのである。

垂直的組織においてその組織内競争において勝利した者が、垂直的組織から飛び出すことができるような、水平的組織を取り込んだ均衡ある社会構造が未だに形成されていない日本の経済社会において、豊かな企業文化の担い手をいったい社会のどのような層に求めるのというのか。

日本政策銀行（旧国民生活金融公庫総合研究所）『新規開業白書』をもとに日本の新規開業を過去から現在にいたるまで時系列的にみてみると、社会の変化をそのまま映したように、新規開業者――ほとんどは自営業的開業者――の年齢層も徐々に高くなっている。

また、最終学歴をみても、――理美容業を含む個人サービスでは資格取得のための専門学校卒業生の比率はむかしもいまも変化がないが――全般に大学卒の割合は、飲食店や運輸業などの分野を除いて、社会全体の進学率の上昇と軌を一にして高まってきた。

いまや、かつて中学校卒の世界であった大工などの世界へ大学や大学院を卒業した若者たちが入ってきたり、あるいは同様の運輸サービスなどの分野にも大卒者が入る時代である。労働市場のあり方において、学歴別の垂直的労働市場がはっきりしている欧州諸国と日本とは異なるのである。

たとえば、わたしのゼミナールの卒業生でも、自営の板金業などを継いだ者も複数いる。いまは、ありきたりになった大卒者の存在は、大学卒にふさわしいイメージに結びついていた、かつての職業選択観を大きく変容させてきたのである。

このように、自営業層の担い手もまた日本では変化しつつある。かつての低学歴・高熟練といった層の比重は低下し、高学歴層や中高年齢者層の比重が高まったのである。ただし、女性層の割合は欧米諸国と比べていまだそう高くはない。今後、女性による新規開業層の増加が日本の企業文化に大きな影響を与えてくれる可能性は高い。

さて、新規開業年齢の上昇といったが、労働経済学者の三谷直紀は、『マイクロビジネスの経済分析―中小企業経営者の実態と雇用創出―』で、自営業者へのアンケート調査分析から、日本では高齢者となってから自営業を開業した人たちの割合は低く、自営業開業者のほとんどは三〇歳代や四〇歳代のころに事業を継承あるいは新規開業していることを明らかにしている。これは前述の『新規開業白書』の傾向とも一致している。三谷は自営業開業時の年齢についてつぎのように結論づける。

「自営業には市場の厳しい淘汰があり、しかも雇用者としての経験はあまり役に立っていないとすれば、雇用者が高齢期になって自営業を開業することがいかに困難なことであるかが理解できよう。したがって、高齢期に自営業として独立することを促進する政策よりもむしろもっと若い頃から独立することを支援する方策が重要である。」

このことは、若い人の立身出世としての自営業開業にかかわる意識――そもそも、その必要がないと感じていればそれまでであるが、それはそれで若年層の社会意識の特徴である――だけではなく、日本社会の起業文化や企業文化のあり方についてわたしたちに再考を迫っているのである。

すでに紹介した鄭賢淑は『日本の自営業層―階層的独自性の形成と変容―』で、「彼ら（自営業層―引用者注）が日本社会において他の階層とは明確に区別できる階層である」として、自営業層については従来の「独立した経営主体」論と「雇用機会の不在によって作り出される周辺部的存在」論といった二元論的整理だけにはとどまらず、別のとらえ方が必要であると主張する。

たしかに、雇用機会の不在によって作り出される「不完全就業層」からだけでは、「独立経営主体」との関係が明らかにされるわけではない。不完全就業というかたちから一歩も二歩も先に出て、自らの事業展開から利潤を生みだし、不完全就業者から経営管理者へと昇華していく方途がきわめて偶然的なものであるのか、あるいは、三谷のいうように若い頃に独立を支援する方策が鍵を握るのか、さらには昨今、強調される大学などでの起業家教育の成果に期待しうるのか。

わたし自身は、すでに断片的に述べたが、前述の内橋と同様に、その鍵は自営業と地域の企業文化との関係にあると、若いころからの調査などを通して強く考えてきた。鄭もまたそのように考える一人であろうと思われる。

鄭は「日本における自営業層は地付層《ママ》として地域に愛着をもって地域に根ざした様々な活動を行ってきた。地域コミュニティを形成し、地域文化を守り、環境を保存するうえで重要な役割を果たしてきた。こうした地域に根ざした活動が、急激な産業化にもかかわらず、日本において地域の共同生活が守られてきている背景となっている」と指摘する。

しかし、鄭自身が、自営業者の政治意識の分析に関連して指摘しているように、彼らの地域意識はしばしば特定地域層の利益のみに固執した政治的保守主義として作用してきた面がある。わたしはそうした彼らの地域主義を無条件に支持し、肯定しているわけではないが、それでも、その見えざる役割は大きかったのである。

鄭は台湾において、「老板（ラオバン）」（＝自営業層）が経済の発展に果たした役割の大きさを重要視する。と同時に、韓国についてつぎのように指摘する。

「韓国では自営業層の地域密着活動はあまり見出せない。日本に比べ韓国の産業化ははるかに急激に進められ、ほぼ一九六〇年代から八〇年代までという短い期間にかなり凝縮されてきた。この時期に大幅な地域開発が行われ、巨大な集団住宅団地が出来上がった。こうしたなかで都市において自営業層という階層はほぼ新規参入者によって占められ、彼らは短期利益の追求に走っている。……地域に根ざした活動を集団的に取り組む力もない。」

韓国などとの国際比較を強く意識して、日本の自営業層を観察してきた鄭のこうした指摘からわたしたちが気づかされることは、地域に密着した自営業層の集団的取り組みが職業規範や社会秩序の点で公共的存在となっている側面ではあるまいか。

さて、本書の結論である。企業は起業を前提にしており、人びとの絶え間ない働きがそれぞれの地域や国に固有の企業文化をかたちづくってきた。そうした企業文化はそれぞれの地域や国の立身出世観や立身出世主義とも結び付いてきた。日本は日本なりに、韓国は韓国なりに、米国は米国なりに、ドイツはドイツなりにというようにである。

立身出世主義としての企業文化は、意識される部分と無意識である部分から構成されているに違いない。(*1) 意識される部分とは経済的な行動のことである。だが、世界中の人びとが経済学でいう利潤極大原則という一元的あるいは単一的原則だけで経済活動を行うわけでは決してないのである。(*2) そこには、無意識のレベル、すなわち、人類学などで想定される国民性や社会的価値観などが働いている。実際には、そうした意識と無意識との間に、それらを媒介するものとしての文化がある。ここでいう文化とは、歴史的あるいは風土的に蓄積、継承されてきた生活様式の総体である。

＊1　意識とは通常、わたしたちの自己および他者や外界に対する直接かつ明確な認知を意味する。フロイトは人間のそうした意識の根底にある無意識を主張する。

＊2　この点についてはつぎの拙著を参照のこと。寺岡寛『経営学の逆説―経営論とイデオロギ―』（税務経理協会、二〇〇八年）。

企業文化といった場合、経済活動の個別主体と組織との関係、組織のなかの個別主体のあり方といったものは、個人と家族・組織・集団としての社会との関係によって築かれてきたものである。とりわけ、個人と集団との関係は、その風土的特徴と相まって、競争優位にもなれば協調優位にもなる。また、他地域への移動が可能であれば個人的自由主義にもなるし、逆に制約性があることで集団的平等主義にもなりうるのである。

ただし、資本主義化というかたちでの近代化は、こうした文化という中間意識、さらにはその背景にある無意識の比重を低下させつつ、近代化を主導する新たな階層を生み出した。それが高学歴層であったことはすでに述べてきた。

もちろんその初期では異なった。たとえば、欧州的な身分制から完全に遮断された新しモノ好きで、なんでもありの米国社会では、「無学」であったアンドリュー・カーネギー（一八三五〜一九一九）やジョン・D・ロックフェラー（一八三九〜一九三七）たちが、徒手空拳から身を起し、荒っぽいやり方で米国の初期資本主義を引っ張っていった。

だが、そうした初期の資本主義をさらに発展させていったのは、カーネギーが残したカーネギー工科大学――一九一二年設立、のちにカーネギーメロン大学――やロックフェラーが残したシカゴ大学――一八九〇年設立――などから送り出された高学歴者たちであった。(*)

＊米国の名門大学にはこのような歴史をもつところも多い。鉄道事業で身を起したリーランド・スタンフォード（一八二三〜九四）は一八九一年にスタンフォード大学を設立した。

他方、身分制を残存させつつ近代化が進んだ欧州社会のうち、とりわけ、フランスのような社会の場合はちがっている。人口動態を重視するフランスの人類学者エマニエル・トッドは『経済幻想』で、「私的資本主義の世界は、分割されている。大企業の頂点には、グランドゼコール出身の階級が、高級官僚集団と経済的・社会的・婚姻的に結びつき・支配している。しかし、これらの保護された人々のすぐ下に、損害を受けた部門や中小企業の世界において、不安定層がつづく」と指摘する。

同じフランスの社会学者のピエール・ブルデューが、上級階層への上昇手段として学歴資本だけではなく、身分制的資産——何世代にもわたって継承されてきた音楽といった趣味から言葉使いまで——までを範疇化して、文化資本という視点からフランス社会を分析せざるを得なかったのは、トッドが指摘したフランス的立身出世構造に依る。

トッドは経済のグローバル化という「幻想」がマルクス主義的な階級対立イデオロギーを、きわめて一元的な市場原則主義のイデオロギーで置き換えたことの意味をつぎのように解釈してみせる。

「イデオロギーの消滅は、社会を、垂直的で、敵対しあい、競争しあういくつかのブロックに分けていた障壁を取り除いた。しかし、それは、社会的なピラミッド構造を水平的な小集団に細分化した。イデオロギー消滅の社会的効果を分析することは、中等・高等教育の発展から生まれた新しい文化的階層化の出現を、細部にわたって具体的に観察することである。」

トッドは、各国の文化的なちがいなどを一挙に飛び越える市場原理主義という単一的イデオロギー、さらにグローバルという単一的語感を強く刻印されたことばで補強されたグローバリズムというイデオロギーこそが、皮肉にも各国の社会全体を不安定化させつつあるとみているのである。

かつては、資本家と労働者というような垂直的イデオロギーがさまざまな対立を呼び起こしたことがあった。そのために、逆説的ではあるが、さまざまな社会集団の互いの交流が促され、社会全体の連帯感がもたらされた。だが、市場原理という単一的イデオロギーは人びとのなかに個別立身出世主義だけを呼び起こし、その社会的への関わりを等閑に付すような傾向を助長させてきた。

トッドは皮肉一杯に「フランスでは、アメリカのようには、経済的地位は人の知性の反映であるなどと、無邪気にあるいはうわべだけで憤慨して見せて言うことはできない。……これは、フランスが平等理念への敏感をもっているからである」と述べつつ、米国人経営トップ層が欧州的水準では十二分な収入を得ているにもかかわらず、さらに何倍もの収入を望んでいるとすれば、それは経済学より社会心理学の分析を必要としていると噛みついている。

トッドはいう。「過去の大きなイデオロギーは、それがいくつかの紛争を育てたにもかかわらず、社会全体を統一する機能を果たしていた。ポスト・イデオロギー社会は、水平に仕切られた社会である。それは、高等・中等・初等の社会諸集団がもはや交流しない世界である。各職業集団は、それ自身で統一の世界になってしまい、自分たちの習慣と世界観のなかに閉じこもる」と。

わたしたちは、これをフランス社会だけに特有なものとみなすことができようか。トッドが「われわれは、経済と文化の切断に立ち会っている」と指摘して一〇年余りがすぎた。グローバリズムをめぐる動きはそれぞれの国内政治を反映し、それによって利を得る社会層によって強く主張され、事実、大きな利益が生みだされた。だが、グローバル化によって負の影響を被った社会層には、そうした利益が再配分されたわけではない。

多くの国で、比較優位による優勝劣敗競争の結果、多くの産業が再編成され、企業の倒産転廃業

――吸収合併も含み――を促した。加えて、日本においては少子化による国内市場縮小の影響が今後も続くであろう。

日本ほどには大学教育が大衆化し、飽和化していないフランス社会の今後について、トッドは「大卒者がその資格以下の仕事につき、自分より学歴の低い年長者より低い賃金をもらうことになる。これらの不満分子が次々と誕生することで、反乱するホワイトカラーが生み出される……さらに分析を進めれば、自己満足ではなくフラストレーションをもつ新たな別の文化的階級の出現という現象を、描くことができよう」と指摘する。

いわゆる二五歳以下の若年失業率が高いフランスでは、トッドの『経済幻想』が発表された時以上に、若者たちの失業率は高まってきた。トッドは人類学者として、そうした現状の解決を個人的立身主義のみに求める傾向は、かえって個人の孤立感と絶望感を高めると同時に、社会全体の取り組みへ――ある種の共同体信念――の期待を極端にまで低下させ、国単位における個人主義、すなわち保護主義の台頭を招くことを危惧した。トッドはつぎのように指摘する。

「共同体信念の衰退は、個人を孤立化させ、恐怖に陥れるため、この本質的不安定さを浮き彫りにする。あらゆる共同体的信念は、永続構造をもっており、それが、個人生活を超えて集団を永続化させる。その重要な働きの一つが、個人の有限性の感情を超えることである。集団が消えれば、個人は中心的な非寛容的な存在に戻る。……共同体的信念の崩壊……この社会的・心理的枠組みの崩壊が個人の解放や開花をもたらさず、逆に無力感で個人が砕けてしまう……構造化する本当の信念は、すべて個人的であると同時に共同的である。……人類史に豊富に見られることは、個人は、共同体が強いときだけに、強くなることである。」

わたしたちの眼前にある問題が経済問題だけに限定されるのであれば、その解決策は経済政策によって可能であるかもしれない。だが、すでに述べたように、自営業層をみても、それは経済的な存在をこえて、社会的あるいは公共的な存在でもある。企業もまた社会的存在であり、そこには企業文化の側面もあるのである。

そして、個別の起業家とその帰結である成功や失敗、それを模倣する人たちの立身出世観の社会的な共有性が、その国や社会の豊かな企業文化を支えるはずである。いま、わたしたちは社会性をもった新たな立身出世主義を必要とする社会に生きているのである。

あとがき

この本を書こうと思った潜在的な動機は序章で述べたとおりである。それを顕在化させてくれたのは、日本放送協会でラジオ番組を担当しているディレクターから届いた一本の電子メールであった。

それは午後のラジオ番組で同窓会特集を企画しているディレクターからの問い合わせであった。わたしが世話役をやっていた大学工学部研究室の同窓会のホームページをたまたま見られたディレクターが、そこにあった「同窓会学」や「同窓会学会」ということばに強く惹かれて、詳しい話を聞きたいということであった。

このホームページは、最初、わたしよりずっと若くてその種の知識に詳しい後輩に作成を依頼していた。だが、彼は仕事が忙しくてなかなか着手できなかった。そこで、わたしが仕方なく自分で市販ソフトウェアを買い求めて間に合わせでホームページをつくった。問題はその内容（コンテンツ）であった。同窓会の開催といってもせいぜい年に一回程度である。こうした同窓会の様子を伝える内容がつねに更新されるはずはない。

困り果てたわたしは、四半期ごとに開催されていた定例役員会での話を膨らましたりして、やりくりしていた。それだけでは何か業務通信のようで味気ないので、先輩たちに投稿を依頼したが、結局、原稿が集まらず、特定の人たちだけになっていった。そこで、半ば思いつきでわたしの体験を通じた同窓会の意味などを、「同窓会学」の名称で時々エッセイ風にホームページに書き込んでいた。

そして、半ばしゃれで同窓会学会などを立ち上げるようなこと——未だに立ち上げていないが——も書いた。したがって、ホームページにあったような同窓会学や同窓会学会などの実態があるわけではなかった。そこで、わたしはディレクターに電話を入れていただくようにメールをすぐに返した。むろん、わたしの言い訳のためである。

さすがプロのアナウンサー経験をもつ、聞き上手のディレクター氏の同窓会への興味深い視点が、電話での対話を通して、わたしのなかから同窓会から見た日本社会のいろいろな風景をつぎつぎと引き出してくれた。気が付けば、九〇分——講義一コマ分——ほど話し込んでいたのである。話の続きということで、ディレクターの方はわたしの大学までわざわざ足を運ばれた。今度はわたしのほうが彼の話に聞きほれることになった。

ラジオ番組の方は、四回シリーズとなりエッセイスト、教育評論家、作家の人たちが自分たちの同窓会体験とそこから見えてくる日本社会の姿を番組で語った。わたしに求められた番組での役割は、最終回で、従来型のむかしを懐かしむよう過去志向の同窓会から一歩も二歩も踏み出たような未来志向型の同窓会について語ることであった。視聴者からの投書——電子メールやファックス——もあって、触発されたのはむしろわたしの方であった。

この番組への生出演はわたしのなかで余熱として長く残った。この余熱が本書につながった。わたしのように、大学に移るまでの若い頃、中小企業、とりわけ、自営業層や零細層の調査を生業としてきたものにとって、経済的な視点からだけの調査には限界があった。すくなくとも、わたしはそのようにずっと感じていた。

一般的にいっても、職住一致あるいは職住近接の自営業層や零細層などは地域経済者であるとともに、地域生活者でもある。そうした存立基盤と存立条件を保ってきた彼らの実態を探ることは、その生活圏そのものに入って調査することでもあった。そうした環境のなかで、彼ら独特の経済感覚、経営感覚、社会感覚を含めた立身出世観などが形成されてきたのである。

そうした零細層のなかには、衰退し廃業というかたちで消え去る運命をもったグループ、衰退しつつも何とか他の業種に転換しうる潜在力をもったグループ、緩慢ながらも着実に企業のかたちをとるグループなどがあった。

わたし自身は、一代で創業し、急成長をとげたベンチャーのようなグループに出くわしたことなどはなかった。ただし、父親の残した事業を継承し苦労の末に急成長させた事例などには出会ったことはあった。

零細層のそうした栄枯盛衰に関わるストーリーがいまにいたるまで日本各地で繰り返され、さまざまな産業、企業などに継承されてきているのである。わたし自身、かつて造船業で賑わい、その下請の町工場が集積した下町で生まれ育った。少なくともわたしの小学校時代のクラスには、いわゆるサラリーマン家庭の同級生などはいなかったように記憶する。

いま記憶する範囲で、同級生の親たちの職業を思い出してみた。親子でやっているような鉄工所、船具屋――これが意外と多かった――、電気屋、金物屋、運送業、倉庫業、旅館業、大工、近くの公設市場に入っていた青果商、魚屋、肉屋、食堂、理美容院などがすぐに浮かんでくる。職業と生活圏が重なっているので、放課後、彼らや彼女らの自宅に遊びに行けば、親の職業がすぐに分かるのである。

同級生のなかには、中学校を卒業してすぐに近くの船具屋などに就職した者や親の鉄工所を継いだ者もいたものの、高度経済成長下の進学率の上昇のなかで高等学校へと進学した者の方が多かったように記憶する。

高等学校ともなれば、より広域の校区から生徒たちは集まる。小さな運送屋の息子であったわたしなどは、高校生となってはじめてサラリーマン家庭の同級生をもった。

これはわたしにとって軽いカルチャーショックといってよかった。小・中学校の自営業層を背景にもつ同級生だけでなく、大企業などに勤める同級生たちとはなしてみると、ものの考え方の違いがあることに気づいた。フランスの社会学者ブルデューの表現を借りれば、「ハビトゥス」というそれぞれの社会階層が保持する文化資本の違いがそこに反映されていたといえる。だが、当時のわたしはそのような概念を知るはずもなかった。

いろいろと自分の進路に悩んだ結果、わたしは大学の工学部に進んだ。同級生たちはさらに日本全国から来ており、その親の職業などもさらに多様化していた。

学校の教師などは別として、ほとんどの人は一生を学校の中だけで過ごすわけではない。人は学校から巣立ったあとの社会で、もっとも希望する職業を得て、あるいは、その希望がかなえられず、第二や第三の選択となった職業を通じて生活をして、結婚し子供をもちつぎなる世代を育てていく——むろん、いまではそう単純ではないが——。

わたしたちがそうであったように、生活に対するものの考え方と同時に、立身出世観もまた親世代から子供世代へと継承されていく。それに反発を覚える場合もあろうし、時代を超えた大いなる教訓として受け取る場合もあるだろう。

だが、いずれにせよ、戦後の日本社会は大きな変化のなかで成立してきた。そうしたなかで、多くの人が上級学校で学ぶ機会を得られなかった時代の立身出世観と多くの人が上級学校で学ぶ機会を得た時代のそれとは大きく異なって当然である。そうした立身出世観から日本の企業文化、さらにはその奥にある日本社会の特性などを、わたしは知りたくなった。

そのようなことを理解する一つの社会の窓として同窓会をみるようになったのは、最初からそうであったわけではなく、わたしが同窓会の事務をやるようになり、会員データーベースを整備するようになってからであった。毎年、変更などをアップデートしているうちに日本企業の変化、それを取り巻く環境変化の影響にも考えが及ぶようになった。

同窓会は便利な場である。マクロ的な環境変化の影響を、ミクロ的なレベル、つまり、個人のケースとして同窓会の場を通して知ることができるのである。ただし、そこには信頼と礼がなければならない。わたしが同窓会などで知り得た同窓生のケースをそのまま個別ケースとして書き記すことなど道義上できない。

ただし、より統合したかたちの傾向として紹介することはできる。本書の隠し味はそのようなものである。高等学校や大学などの同窓会は活発でも、残念ながら小学校や中学校での同窓会は、わたしの場合、校舎や校地がなくなったり、校区が大幅に変わっていたりして、全く開催されていない。開催されれば、わたしは日本の自営業史——地方史になるだろうが——について、より身近な事例をベースに書いてみたいとずっと思っている。

本書をまとめる上で、有形かつ無形でわたしをとりまく同窓生諸氏にはおしゃべりに付き合ってもらった。また、出版にあたっては、信山社の渡辺左近氏のお世話になった。心から感謝申し上げたい。

二〇〇九年一一月

寺岡　寛

参考文献

【あ】

明石芳彦編『ベンチャーが社会を変える』ミネルヴァ書房、二〇〇九年
天野郁夫『高等教育の日本的構造』玉川大学出版部、一九八六年
安藤良雄編『近代日本経済史要覧』（第二版）東京大学出版会、一九七九年
猪木武徳『学校と工場—日本の人的資源—』読売新聞社、一九九六年
宇田川勝・法政大学産業情報センター編『ケースブック・日本の企業家活動』有斐閣、一九九九年
内橋克人『九〇年代不況の帰結』岩波書店、一九九九年
生方敏郎『明治大正見聞史』中央公論社、一九八八年
大門正克『近代日本と農村社会—農民世界の変容と国家—』日本経済評論社、一九九四年
大橋隆憲編『日本の階級構成』岩波書店、一九七一年
大森一宏『森村市左衛門—通商立国日本の担い手—』日本経済評論社、二〇〇八年

【か】

勝田守一・中内敏夫『日本の学校』岩波書店、一九六四年
加藤敏春『創業力の条件—チャンスに満ちたマイクロビジネスの時代へ—』ダイヤモンド社、一九九九年

加藤靖慶『松下幸之助に学ぶつきの原理』三恵社、二〇〇八年
楫西光速編『講座・中小企業』（第一巻）有斐閣、一九六〇年
鎌田慧『「東大経済卒」の一八年』講談社、一九九一年
川口浩編『大学の社会経済史―日本におけるビジネスエリートの養成―』創文社、二〇〇〇年
紀田順一郎『東京の下層社会』筑摩書房、二〇〇〇年
木下八世子『還暦同窓会―橋を渡った日―』東方出版、二〇〇七年
キンモンス、アール（広田照幸・加藤潤・吉田文・伊藤彰浩・高橋一郎訳）『立身出世の社会史』玉川大学出版部、一九九五年
熊沢誠『能力主義と企業社会』岩波書店、一九九七年
ケスラー、ローレン（亀井よし子訳）『アメリカの四〇代―希望は実現されたか―』晶文社、一九九四年
玄田有史・中田善文編『リストラと転職のメカニズム―労働移動の経済学―』東洋経済新報社、二〇〇二年
児玉隆也・桑原甲子雄『一銭五厘の横丁』岩波書店、二〇〇〇年
小路田泰直編『戦後的知と「私利私欲」―加藤典洋的問いをめぐって―』柏書房、二〇〇一年
小西章子『遥かなるボストン―一五年目のクラスメート―』鎌倉書房、一九七九年
国民生活金融公庫総合研究所編『新規開業白書』各年度版、中小企業リサーチセンター

【さ】

斎藤貴男『機会不平等』文藝春秋、二〇〇〇年
同『起業家に会いにゆく』日本実業出版社、二〇〇二年

佐々木聡編『日本の企業家群像』丸善、二〇〇一年
佐藤銀平『独創者列伝―IT革命の礎を築いた日本人―』NTT出版、二〇〇五年
佐藤卓巳『「キング」の時代―国民大衆雑誌の公共性―』岩波書店、二〇〇二年
佐藤忠男『長谷川伸論』中央公論社、一九八八年
柴山昌山・麻生誠・池田秀男編『リーディング・日本の社会学〈教育〉』東京大学出版会、一九八六年
城山三郎『静かなタフネス一〇の人生』文藝春秋、一九九〇年

【た】

高橋哲哉・種山恭子・大庭健他『差別』岩波書店、一九九〇年
高橋由明編『教育訓練の日・独・韓比較』中央大学出版部、一九九六年
竹内常善・阿部武司・沢井実編『近代日本における企業家の系譜』大阪大学出版会、一九九六年
竹内洋『日本のメリトクラシー―構造と心性―』東京大学出版会、一九九五年
同『立身出世主義―近代日本のロマンと欲望―』（増補版）世界思想社、二〇〇五年
武知京三『近代日本と地域産業―東大阪の産業集積と主要企業群像―』税務経理協会、一九九九年
橘木俊詔『日本の経済格差―所得と資産から考える―』岩波書店、一九九八年
同編『封印された不平等』東洋経済社、二〇〇四年
玉置紀夫『起業家福沢諭吉の生涯』有斐閣、二〇〇二年
鄭賢淑『日本の自営業層―階層的独自性の形成と変容―』東京大学出版会、二〇〇二年
寺崎昌男『東京大学の歴史―大学制度の先駆―』講談社、二〇〇七年

トッド、エマニュエル（平野泰朗訳）『経済幻想』藤原書店、一九九九年
豊田俊雄編『わが国産業化と実業教育』国際連合大学、一九八四年

【な】

直井優・盛山和夫編『現代日本の階層構造』（第一巻〜第四巻）東京大学出版会、一九九〇年
中川敬一郎・森川英正・由井常彦編『近代日本経営史の基礎知識』有斐閣、一九七四年
永沢道雄『大正時代―現代を読みとく大正の事件簿―』光人社、二〇〇五年
中村隆英『戦前期日本経済成長の分析』岩波書店、一九七一年
同『日本経済―その成長と構造―』東京大学出版会、一九七八年
同『明治大正期の経済』東京大学出版会、一九八五年
同・尾高煌之助『二重構造』（『日本経済史』第六巻）岩波書店、一九八九年
同・藤井信幸編『都市化と在来産業』日本経済評論社、二〇〇二年
仲野組子『アメリカの正規雇用』青木書店、二〇〇〇年
名倉洋子『日本の近代化とグリム童話―時代による変化を読み解く―』世界思想社、二〇〇五年
中山茂『帝国大学の誕生―国際比較の中での東大―』中央公論社、一九七八年
新渡戸稲造『新渡戸稲造全集』教文館、一九七〇年

【は】

朴倍暎『儒教と近代国家―「人倫」の日本、「道徳」の韓国―』講談社、二〇〇六年

間宏『経済大国を作り上げた思想―高度経済成長期の労働エートス―』文眞堂、一九九六年
林雄介『霞ヶ関の掟　官僚の舞台裏』日本文芸社、二〇〇三年
広田照幸『陸軍将校の教育社会史―立身出生と天皇制―』世織書房、一九九七年
原純輔・盛山和夫『社会階層―豊かさの中の不平等―』東京大学出版会、一九九九年
福沢諭吉（松沢弘陽校注）『文明論之概略』岩波書店、一九九五年
藤田英典『子ども・学校・社会―「豊かさ」のアイロニーのなかで―』東京大学出版会、一九九一年
ブルデュー・パスロン（石井洋二郎監訳）『遺産相続者たち―学生と文化―』藤原書店、一九九七年
黄順姫『日本のエリート高校―学校文化と同窓会の社会史―』世界思想社、一九九八年
同『同窓会の社会学―学校的身体文化・信頼・ネットワーク―』世界思想社、二〇〇七年

【ま】

マークス寿子『不安な国日本―福祉の国イギリスから見ると―』光文社、二〇〇二年
三谷直紀・脇坂明編『マイクロビジネスの経済分析―中小企業経営者の実態と雇用創出―』東京大学出版会、二〇〇二年
水野朝夫『日本の失業行動』中央大学出版部、一九九二年
宮本又郎『企業家たちの挑戦』中央公論新社、一九九九年
三和治『生活保護制度の研究』学文社、一九九九年
森川英正『日本財閥史』教育社、一九七八年

【や】
矢野眞和『高等教育の経済分析と政策』玉川大学出版部、一九九六年
山住正巳編『福沢諭吉教育論集』岩波書店、一九九一年
山崎元『僕はこうやって一一回転職に成功した』文藝春秋、二〇〇二年
由井常彦『中小企業政策の史的研究』東洋経済新報社、一九六四年
ユニチカ社史編集委員会編『ユニチカ百年史』ユニチカ株式会社、一九九一年
横山源之助『日本の下層社会』岩波書店、一九四九年

【わ】
渡辺治編『現代日本社会論―戦後史から現在を読む三〇章―』労働旬報社、一九九六年

人名・事項索引

【著者紹介】
寺 岡　寛（てらおか　ひろし）
1951年 神戸市生まれ
中京大学大学院（ビジネススクール）教授
経済学博士

学歴の経済社会学
―それでも、若者は出世をめざすべきか

2009年（平成21年）12月20日　第1版第1刷発行

著　者　寺　岡　　寛
発行者　今　井　　貴
　　　　渡　辺　左　近
発行所　信山社出版株式会社
〔〒113-0033〕東京都文京区本郷 6-2-9-102
電話　03（3818）1019
FAX　03（3818）0344
Printed in Japan

印刷・製本／松澤印刷・大三製本

ISBN978-4-7972-2019-3　C3334

寺岡　寛　主要著作

『アメリカの中小企業政策』信山社，1990年
『アメリカ中小企業論』信山社，1994年，増補版，1997年
『中小企業論』（共著）八千代出版，1996年
『日本の中小企業政策』有斐閣，1997年
『日本型中小企業―試練と再定義の時代―』信山社，1998年
『日本経済の歩みとかたち―成熟と変革への構図―』信山社，1999年
『中小企業政策の日本的構図―日本の戦前・戦中・戦後―』有斐閣，2000年
『中小企業と政策構想―日本の政策論理をめぐって―』信山社，2001年
『日本の政策構想―制度選択の政治経済論―』信山社，2002年
『中小企業の社会学―もうひとつの日本社会論―』信山社，2002年
『スモールビジネスの経営学―もうひとつのマネジメント論―』信山社，2003年
『中小企業政策論―政策・対象・制度―』信山社，2003年
『企業と政策―理論と実践のパラダイム転換―』（共著）
　ミネルヴァ書房，2003年
『アメリカ経済論』（共著）ミネルヴァ書房，2004年
『通史・日本経済学―経済民俗学の試み―』信山社，2004年
『中小企業の政策学―豊かな中小企業像を求めて―』信山社，2005年
『比較経済社会学―フィンランドモデルと日本モデル―』信山社，2006年
『起業教育論－起業家教育プログラムの実践―』信山社，2007年
『スモールビジネスの技術学－Engineering & Economics－』信山社，2007年
『逆説の経営学―成功・失敗・革新―』税務経理協会，2007年
『資本と時間―資本論を読みなおす―』信山社，2007年
『経営学の逆説―経営論とイデオロギ――』税務経理協会，2008年
『近代日本の自画像―作家たちの社会認識―』信山社，2009年
Economic Development and Innovation: An Introduction to the History of Small and Medium-sized Enterprises and Public Policy for SME Development in Japan, JICA, 1998
Small and Medium-sized Enterprise Policy in Japan: Vision and Strategy for the Development of SMEs, JICA, 2004